A Freddie et Madlen Mossanen
très amicalement
et parce que j'adore leur
admirable pays...

23 12 94
A bord du Mermoz

AU VILLAGE
DE MON ENFANCE

DU MÊME AUTEUR

Yalta ou le Partage du monde, Prix Historia, Prix Plaisir de lire, Robert Laffont.
L'Après Yalta, Plon.
L'Aventure européenne, 2 vol., Plon.
Bandoung, carrefour de l'histoire, Robert Laffont.
Les oiseaux n'y savent pas chanter, essai sur l'Afrique noire, Préface de Vincent Auriol, Julliard.
Les Étonnements de Mister Newborn, roman, Prix Georges Courteline, Julliard.
La Vigne sous le rempart, Julliard, Prix Sully-Olivier de Serre, roman.
La Légende de Pablo Casals, éditions Proa.
La Succession, essai, Julliard.
Sire, ils ont volé la mort, essai sur le procès de Louis XVI, Robert Laffont.
Sans de Gaulle, essai, Plon.
Lénine et Staline, Plon.
L'Épopée mondiale d'un siècle, 5 vol., Hachette.
Un Prince cherche un royaume, Hachette.
Les Hommes libres, essai sur l'O.R.T.F., Plon.
Et les coyotes hurleront, roman western, Julliard.
Les Frères Burns, roman policier, Julliard.
Karl Marx et son époque, Nathan.
La Côte-d'Ivoire ou les Racines de la Sagesse, Jeune Afrique.
Les Dictateurs du xxe siècle, Robert Laffont.
La Libération de Paris, Carrère-Lafon.
Le Premier Janvier 1900; Le Premier Janvier 1920; Le Premier Janvier 1940; Le Premier Janvier 1960; Le Premier Janvier 1980; Le Premier Janvier 1983, Plon.
Les Présidents de la Ve République, Le Pré-aux-Clercs.
Les Premiers Ministres de la Ve République, Le Pré-aux-Clercs.
Verdun, ce jour-là, le 24 octobre 1916, Olivier Orban.
Le Premier Janvier 1789, Olivier Orban.
Billaud-Varenne, Géant de la Révolution, Olivier Orban.
Le Premier Janvier 1800, Olivier Orban.
Joffre, Olivier Orban.
L'Épopée coloniale de la France, Plon.
Nostalgies françaises, Plon.

Arthur CONTE

AU VILLAGE
DE MON ENFANCE

PLON
76, rue Bonaparte
PARIS

© Librairie Plon, 1994
ISBN 2-259-02775-X

*Au souvenir de Papa Arthur
et de Marraine Marie.*

Il s'appelle Salses.

Il a deux mille ans et deux mille habitants.

Il est situé sur le contrefort des Pyrénées-Orientales, tout au nord du Roussillon, face à la frontière du Languedoc, à quinze kilomètres de Perpignan.

J'y nais le 31 mars 1920, à une heure de l'après-midi.

Je suis donc d'abord catalan.

Au reste, j'apprendrai le français à l'école. Enfant, je n'aurai jamais parlé que catalan avec mon père, ma mère, toute ma famille, mes premiers amis. Encore en 1994, je continuerai de penser en catalan, je rêverai en catalan, je compterai en catalan : la nuit, quand la pendulette égrènera ses coups, je me surprendrai à les compter toujours en catalan, *oun*, *dos*, *tres*... Toute ma vie, quand je roulerai dans ma tête le programme de ma semaine, c'est en catalan que je prononcerai les noms des jours, *dilluns*, *dimarts*, *dimecres*, *dijous*, *divendres*, *dissabte*, *diumenge*... Toutes mes colères seront en catalan. Toutes mes grandes peines aussi. Il y a ici pour moi un point fondamental. Je ne saurais m'expliquer, ni personne ne le pourrait, hors de ce total enracinement dans la race catalane. C'est ainsi. S'il y a des nomades qui proviennent de toutes parts ou de n'importe où, moi je n'ai qu'une source et qu'une terre. Aussi loin que je puisse remonter dans mes origines sur ces trois derniers siècles, je ne vois que des Catalans.

Il s'agit d'une race très marquée, très singularisée, qu'il n'est pas toujours facile de comprendre, et qui peut même dérouter ses voisins, Languedociens de l'Aude ou Gascons de l'Ariège. Il est dès lors malaisé de définir un Catalan, devant des gens qui ne le sont pas.

Essayons tout de même.

Disons que, de fait, si nous devons un peu de notre style, de notre caractère et de nos manies aux Grecs et aux Latins, premiers à nous coloniser, nous devons au contraire beaucoup aux Wisigoths qui régnèrent sur les Pyrénées durant plusieurs siècles et animèrent d'ailleurs, avec un humanisme exemplaire, une civilisation étincelante.

Les navigateurs grecs, après les Phéniciens, premiers navigateurs méditerranéens à découvrir nos rivages, nous léguèrent à jamais la gourmandise du jeu pour le jeu, l'ivresse du pari, la passion des voyages, la vocation de l'aventure et quelque penchant à tricher avec les naïfs, aussi à piéger les renards : comme eux, beaucoup de Catalans sont des joueurs endiablés, même si, dans le même temps, ils sont capables de toutes les prudences des rapaces.

Les colonialistes romains, avec leur dialectique catégorique, leurs routes rectilignes, leurs pavés lourds, leur droit sans faille, leur éloquence sans sourire, leur architecture soldatesque, et leurs années géométriques, nous laissèrent une certaine austérité, voire une certaine sévérité, et l'abrupt des hommes qui croient férocement en une règle. Par la seule vertu de sa rigueur, la rustique bourgade protégée par Énée et confiée au génie implacable et glacé de Minerve allait successivement et irrésistiblement conquérir le Latium, l'Italie, l'Afrique, les Espagnes, puis la moitié de l'Orient, ensuite la Grèce, la Gaule, les Iles britanniques et la Germanie, pour ainsi dire l'univers réel : au passage, la future Catalogne était submergée elle aussi ; elle n'échappait ni aux soldats de Rome ni à son empreinte.

C'est que, au service de ces Romains, deux puissantes motivations de fond jouaient.

La première tenait au génie d'adaptation de ce peuple romain, qui n'aurait plus tard d'égal que le génie d'opportunisme des Prussiens. Si les Romains s'affirmaient, dès les premiers matins de la cité, aux dépens de nombre d'autres peuples, ils le devaient d'abord à une prodigieuse capacité d'accueillir, d'assimiler et d'utiliser efficacement tout ce que les peuples purent créer avant Rome – ou pour Rome. Face à la Grèce, dont la fée était l'Inspiration, ils étaient la Méthode. Ils emmagasinaient, étudiaient, ruminaient, adaptaient, expérimentaient, ensuite seulement ils mobilisaient les nouveaux moyens ou les nouvelles formules dans l'action.

La seconde tenait au génie d'organisation. Rome était dès ses premiers rois un « appareil » achevé et complexe par rapport aux clans familiaux primitifs de ses voisins, dispersés dans des

...ms de cabanes. La Cité était dès l'origine un État groupant un certain nombre de tribus, auxquelles elle interdisait de vivre anarchiquement. Rome ne vivait, ne prospérait et ne régnait que parce qu'elle était l'Organisation. De surcroît, il s'agissait d'une population d'hommes durs, violents et tenaces, familiers de rudes travaux et de l'autorité absolue. La discipline était ici plus précieuse que le blé. Les premiers Romains étaient des paysans soupçonneux et voraces, qui se méfiaient de toutes les séductions de l'art, repoussaient tous les fards de l'esprit et n'avaient pour principale exigence que l'efficacité. Ce peuple de soldats-laboureurs ne perdait aucun temps à vanités. Il cultivait toutes les rudes simplicités du conquérant.

Précisément, il nous laissa une bonne part de sa rudesse, et de son goût pour l'austérité.

Puis venait Caton l'Ancien. Le personnage austère qui opposera le rigorisme des morales simples d'abord aux esthètes grecs, aux éphèbes d'Alexandrie, aux enjuponnés de la décadence, plus tard aux pages en bas de soie, aux mignons, aux précieux, aux Incroyables, à tous les enrubannés des fins de régime, enfin à tous dandys, « garçonnes », existentialistes, yéyés, zozos et hippies échevelés des temps modernistes, était désormais fixé. En profondeur, il ne servait qu'une patrie, la terre. C'est parce que simplicité et frugalité faisaient partie de la terre qu'il se voulait simple et frugal; parce que la terre aimait le silence, l'utile et la gravité que, d'entrée de jeu, il prenait partie contre Socrate, ce babillard, Isocrate, cet inutile, et tous les sophistes athéniens qui jouaient les désinvoltes. Il n'en avait pas moins une profonde et vaste culture, connaissait toutes les finesses et richesses de la langue grecque, lisant dans le texte Pythagore et Sophocle, mais aussitôt terminé un discours au forum, il s'en allait travailler aux champs, parmi ses laboureurs et ses pâtres. Il était volontairement bougon dans ses propos, âpre dans ses manières. Il présentait avec une sorte de délectation un visage trop fortement charpenté, grossier comme un vieux cep de vigne. La Catalogne devait en être marquée à jamais. Ce n'est d'ailleurs pas hasard si les deux mots Caton et Catalan sont bâtis sur la même racine. Ils sont fils de Caton, nos petits propriétaires ruraux durs au travail et acharnés au gain, cultivant la religion de la terre et de la simplicité, à l'occasion eux aussi soldats remarquables de sang-froid et de ténacité, aussi obstinés sur le sillon de la charrue que dans les tranchées les plus sanglantes, sérieux et adroits, pouvant être comme lui à la fois moqueurs et graves, impérialistes par discipline et passionnément attachés à leur ferme et à leur village.

En tout cas, en incrustant leur administration, qui n'oubliait aucun détail, les Romains nous imposaient aussi la plupart de nos noms patronymiques, dont le mien, *Conte* – prononcez en catalan *Konnta* – qui est une contraction du latin *comitem*, devient *Comte* en langue d'oc par on ne sait quelle fantaisie d'écriture, se traduit en *Condé* dans la mélodieuse langue d'oïl, et signifie, au gré des goûts ou des hasards, chevalier ou compère, camarade ou compagnon.

Mais les Wisigoths, eux, nous marquèrent en profondeur, dans l'âme et non dans la méthode.

Naturellement, en passant, ils nous laissèrent

eux aussi un certain nombre de noms – lesquels ont une forte consonance germanique : Got, Estirach, Anrich, Ostalrich, Amanrich, Manach, Sestach, Reixach – et un certain nombre de prénoms aussi gutturaux, dont Arthur ; car je ne dois pas mon prénom à je ne sais quelle anglomanie d'une liseuse de feuilletons byroniens, je le dois uniquement à de lointains ancêtres qui, avant même les Celtes et les Bretons, vénérèrent le saint graal, les chevaliers de la Table Ronde et leur roi de justice, cet Arthur qui, en vieux Saxon, Arx-Thor, signifie le « Dieu des ours ». Les Wisigoths nous marquèrent cependant essentiellement dans la racine et dans la sève.

A eux nous devons le goût de vivre en tribu, la vénération de la vie sous toutes ses formes, la dévotion de la nature et de la forêt, et le génie païen et superstitieux des mystiques qui s'abreuvent aux impérissables sources de vie.

C'est d'eux que nous tenons d'être si méditatifs, si taciturnes, des réservés et non des expansifs, qui ne donnent l'hospitalité qu'après longue réflexion, volontiers repliés sur eux-mêmes, avec une voluptueuse attirance pour le secret et les mystères. C'est à leur exemple que nous croyons aux magies du destin et des cœurs.

Ainsi ne sommes-nous pas des raisonneurs, mais des incantateurs. Non des cartésiens, mais des fils de druides.

Et par-dessus tout les Wisigoths firent de nous des absolus. Nous savons mal plaider, ergoter, comploter. Nous sommes sauvagement entiers dans toutes nos réactions.

Quant à la tribu, pour nous, elle est plus qu'une famille : elle est un temple. Voilà pourquoi nous sommes des chantres de la race – de la rrrace, comme nous disons en roulant nos r, de la race catalane, bien sûr. Cela ne s'appelle pas être des sectaires ou des fanatiques. Cela s'appelle être des fidèles, qui s'expriment plus intensément dans la conscience tribale que dans la vocation individualiste.

De plus, ces Barbares, assez arriérés pour ne pas connaître la langue impériale de Cicéron et d'Auguste Imperator, ne faisaient point, surgissant de l'inconnu, qu'anéantir la cité romaine : dès 455, Geiséric s'emparait de Rome. Après le statisme romain (j'allais écrire : le stalinisme romain), la rigoureuse architecture romaine, la rigidité du droit romain, ils réintroduisaient la puissance du rêve et l'ivresse du vagabondage, tout le romantisme passionné de leurs forêts, de leurs hivers et de leurs cavalcades. Du coup, ils réveillaient l'imagination, approfondissaient la sensibilité, rénovaient l'élan d'une région qui se figeait dans une sèche administration. Ils réenseignaient que l'humanisme était mouvement, et non stratification.

Ils libéraient les esclaves – les esclaves, cette plus grande honte de Rome.

Ils interdisaient les jeux sanglants du cirque.

Ils dénonçaient le supplice de Blandine comme un crime contre l'humanité.

Non contents d'avoir osé mettre en scène le crépuscule de leurs dieux, d'avoir fait le procès des crimes de Wotan, de Thor, de Tyr et des Walkyries, ils embrassaient d'enthousiasme la foi du Christ.

Ils savaient garder le sens universel, refusaient de servir l'égoïsme des orgueilleux, veillaient au culte de l'Homme.

Ils n'aimaient leur tribu que pour mieux respecter et aimer les autres. D'instinct ou de génie, ils illustraient déjà, avec plus d'un millénaire d'avance, la plus belle phrase de Frédéric Nietzsche, celle qui éblouissait Léon Blum : « Ce n'est pas l'amour *du prochain*, c'est l'amour *du plus lointain* que je te conseille. »

Ils étaient voués à animer l'une des civilisations les plus généreuses de l'aventure humaine – même si la mémoire historique gardera trop peu de leurs grands siècles.

Ils en terminaient avec l'architecture de soldats, avec le colossal et l'écrasant, pour bâtir des palais du bien vivre.

Peu d'hommes auront marqué le règne wisigothique. Un indiscutable humanisme aura illuminé son temps.

Observez d'ailleurs que si « espèce d'Ostrogoth ! » est une insulte, on ne pense jamais à vous traiter d'« espèce de Wisigoth ! ».

Voilà. Je suis un Wisigoth, avec un peu d'Ulysse et un peu de Romulus.

Né un 31 mars, je suis aussi Bélier.

C'est l'un des signes zodiacaux les plus complexes, l'un des plus contradictoires.

Le Bélier peut tendre totalement son énergie sur un but précis, dans la fulgurance de l'inspiration, mais vite consentir à un abandon complet, dans la paix de son champ.

Il peut être vindicatif, hargneux, buté, mais il peut aussi, soudain, inexplicablement, lâcher la proie pour l'ombre, abandonner le bonheur déjà atteint pour un autre, entrevu en songe.

Il peut être individuellement forcené dans la

passion, la colère ou le combat, mais il est avant tout un animal de tribu, uniquement heureux avec son troupeau.

Paysan, il n'est pas gêné par les saines odeurs du bon fumier, l'utile, mais il adore les incomparables parfums de l'aube.

Rustre, grognon, malcommode, c'est pourtant lui qui, dans la légende grecque la plus étincelante, porte la Toison d'or, symbole de la valeur suprême de la sagesse, laquelle implique une rigoureuse maîtrise de soi et la volonté constante de résoudre les contradictions primordiales qui ont survécu aux tumultes de l'enfance.

Trapu, robuste sur pattes, musculeux, ramassé sur lui-même, prototype du susceptible, il peut avoir pourtant les élans trop vifs et les sensibilités trop tendres des amoureux romantiques : il aime aimer et être aimé, d'où bien des faiblesses.

Il peut être animé par un instinct de conquête toujours inassouvi, et il passerait volontiers toute sa vie dans son pré.

Sans toujours assez se défendre de lui-même, il recherche l'effet spectaculaire, est attentif au prestige, voire au qu'en dira-t-on, mais peut nourrir une passion d'humble moine pour les vastes silences de la vie campagnarde.

Il n'y a pas d'animal plus fonceur, plus spontané dans les paris de l'impossible, plus obstiné dans l'erreur, plus frontal dans la recherche du chemin ; il est capable dans une seule seconde d'une mobilisation d'énergie totale, mais les longues méditations sont aussi son fief.

Il mange n'importe quelle herbe, tant son appétit est allègre, mais il peut avoir des coquetteries de gastronome raffiné qui surprennent tous les témoins.

C'est un sur-émotif, un risque-tout, avec quelque surestimation de soi, une manière de vantardisme et d'exhibitionnisme; il supporte mal qu'on le sous-estime, il a l'orgueil irritable et, dès lors, il a des réactions, des fureurs ou des offrandes imprévisibles, il peut même être selon son ascendant un vorace de la domination, mais il n'est jamais un fourbe, ni un mendiant, ni un couard.

André Barbault, brillant spécialiste du zodiaque, tient essentiellement le Bélier pour un sur-actif. « Il faut qu'il agisse – écrit-il. Il est miné par un esprit de conquête jamais assouvi... Il sait risquer gros et mettre le prix pour atteindre son but... Mais s'il sait si bien attaquer, avec tout le poids de sa force, avec un à-propos remarquable, il est moins brillant à l'arrivée. Il a même l'art d'abandonner ses entreprises avant de les achever... Ce qu'il aime, c'est l'attaque, l'amorçage... » Et il aime vivre « dans l'émotion, à la recherche des sensations fortes, des chocs et des angoisses... Ennemi de la nuance et du raffinement, qu'il estime être une forme de décadence, il s'installe dans les gros plans de l'effet instinctif direct, de toute sa robuste nature. Il est assurément un passionné dans toute la vigueur de son tempérament », mais capable aussi des distractions et même des abdications les plus inattendues.

Un jour, après bien des expériences, de longues luttes coupées de longs silences, je me reconnaîtrai assez dans une telle analyse – sauf qu'en ce qui concerne mes premières années, le type bélier n'est guère perceptible. Plutôt fluet de constitution, je suis fondamentalement un enfant calme, sage, méditatif.

Plus tard, quand je servirai des ambitions,

accepterai ou rechercherai des responsabilités de plus en plus hautes, quand je ne me protégerai pas suffisamment des élans ou des imprudences de l'orgueil, le Bélier, tel qu'analysé par les experts du zodiaque, se manifestera. Ce n'est sans doute pas hasard si, lorsque j'aurai l'écrasante charge de diriger l'ORTF, les caricaturistes me représentent volontiers en imperator romain ou en Méphistophélès. Tout le portrait, il est vrai, y appellera : cette mâchoire en avant; ces damnés sourcils qui s'élargissent en parenthèses renversées quand on me pose une énigme; des cheveux qui, étirés en arrière, semblent à leur tour étirer le front pour lui donner plus de fierté ou de défi; des yeux marron avec une étincelle verte; un nez crochu et pas beau; des lèvres minces qui se pincent sur un trait quand on me cherche noise ou que l'on me trouble dans mes songes ou mes veilles. Je serai parfois un tempétueux, parfois même un hargneux, dans certains paris, avant de me lasser de trop de vains combats et de me retirer brusquement de toutes joutes, pour aller me réfugier dans la tour d'ivoire de l'historien. Les destins me piqueront de nombre d'aiguillons, avant que je trouve enfin la pleine maîtrise de moi-même, avec la plus paisible philosophie sur les hommes et les choses.

Mais, pour l'immédiat, enfant, je suis à l'opposé d'un turbulent, et, à l'école, je serai essentiellement un élève appliqué et studieux, sans jamais la moindre rage, la moindre impatience, la moindre jalousie. « Un bon petit », comme on dit. C'est comme ça : l'opposé d'un batailleur. Le signe n'a pas dû encore s'exprimer.

Pour autant, est-ce que je crois dans les vertus

du zodiaque? La plupart des gens de Salses s'y disent sensibles. Quant à moi, j'avoue y croire assez. Il y va sans doute du Wisigoth, toujours le Wisigoth, attentif aux signes des étoiles et des vastes mystères. A l'évidence, il est impensable que nous naissions au hasard. Faut-il en conclure que de puissants magnétismes d'autres univers nous déterminent?

Quoi qu'il en soit, donc, me voici catalogué par les destins : Wisigoth et Bélier, confié à ce petit village pyrénéen.

Mais, aussi fondamentalement, je suis un homme de la campagne, et je lui devrai bien des instincts et bien des sentiments.

Il est vrai que mon village natal n'a pas seulement les charmes et le cœur du village éternel : simplicité, clarté, intimité à plein ciel, génie des vraies importances et des rythmes imperturbables.

Historiquement et géographiquement, il dégage une forte personnalité. On peut s'attacher à lui pour ses vigoureuses originalités.

Historiquement, il s'est bâti avec héroïsme, comme une sentinelle par avance condamnée, sur la frontière nord de la Catalogne, le « pas de Salses », le « seuil de Salses », un couloir très étroit, un vrai goulot qui, entre le désert rocheux des Corbières et un vaste étang à moustiques et à fièvres, était la seule voie d'accès – ou l'unique poste d'interdiction – entre le Roussillon et la Narbonnaise.

A l'origine – et, cité par Pline, il fut le premier village de l'histoire catalane à se bâtir sur le secteur, avec Elne –, il devait ressembler à ces villages de laboureurs-soldats d'Israël, survivant comme des rocs miracles entre des océans de haines et de convoitises. Durant des siècles, il fut poste-frontière, entre marche de Barcelone et domaine de Narbonne, entre émirat arabe et duché chrétien, entre Aragon et Languedoc, entre Espagne et France. Il sut pourtant survivre. Il se dota même de remparts de mieux en mieux fortifiés : d'abord des tours de garde, construites avec du chêne et du saule, puis des fortins en bois qui brûlèrent tous comme des pins, enfin une forteresse à épaisses murailles qui nous est restée et que nos bons touristes ne manquent pas de visiter, le château fort de Salses. Elle fut dessinée par un ingénieur espagnol de génie, Ramirez, et achevée à la fin du quinzième siècle. Elle présente l'originalité d'être la première forteresse couchée de l'histoire mondiale : jusque-là, tous les fortins et châteaux forts se hissaient sur des éminences, pour mieux surveiller un rivage, un col ou des champs ; pour la première fois, on bâtit ici une forteresse au pied d'une colline, et non au sommet ; à la place du traditionnel fauve dressé, du millénaire fauve debout, on posta un fauve tapi, caché, à l'affût, pouvant ainsi mieux surprendre, de toutes ses griffes, l'ennemi ou la proie. Elle avait l'orgueil d'être invincible : Espagnols et Français se la prirent et reprirent au moins dix-sept fois, jusqu'à ce que vînt le traité des Pyrénées, négocié par Mazarin en 1659, date à laquelle le Roussillon bascula dans le domaine des rois de France et où le fauve cessa à jamais de faire la guerre. Même l'irruption des armées hitlériennes, en 1942, ne la réveillera pas de son long repos. Il reste qu'elle est très belle. Elle est même émouvante. Non seulement, bâtie par ce Ramirez, réparée par Vauban, qui lui imposa ses larges fossés et ses remparts en étoile, c'est une remarquable pièce de collection, mais encore elle exprime toute l'émotion des vieux soldats désarmés. Elle peut pathétiquement signifier la grandeur et la vanité des guerriers. Autant imaginer un vieil arbalétrier qui, près des chaumières qu'il eut en garde, raconte nostalgiquement ses histoires. Enfant, il me semble entendre sa grosse voix me parler de **Blanche de Castille**, de **Louis XI**, de **Richelieu** et de mille masques de fer. Un tel Burgrave ne peut que profondément bouleverser le passant qui vient de Rotterdam ou d'Indianapolis. A plus forte raison, avec ses remparts couleur de lion, son fier donjon à plein soleil, son robuste pont-levis, **les boulets des assaillants incrustés dans ses murs, sa cour centrale autour d'un élégant puits musulman, ses écuries, sa chapelle, sa prison, ses sombres oubliettes, le château fort imprègne-t-il la conscience du môme** qui le contemple tous les jours. D'instinct, j'apprends l'histoire dans la pierre. Et songez que ces paysages virent successivement passer les pirates phéniciens, les frères d'Ulysse, les légions de Rome, les éléphants d'Hannibal, les cavaliers de Mahomet, les hommes de fer de Charlemagne, les premiers héros de la Catalogne, les soldats de **Charles Quint**, les mousquetaires de **Louis XIII**, les volontaires de l'an II, les hussards de l'Empereur. **Il y a de quoi peupler des songes.**

Géographiquement, l'enchantement est indicible, surtout si vous montez jusqu'au donjon. **Au fond du paysage, au sud, vous contemplez le mont Canigou; il est bleu; il est couronné de neige même en été; il respire, car il n'est pas en vérité** un mont de roc, mais le dieu tutélaire des Catalans, vêtu d'une houppelande de sapins, un berger du ciel, qui protège mieux que les soldats pâturages et jardinages. A l'est, vous apercevez le miroir gris des marais et de l'étang, puis la vaste nappe verte de la Méditerranée, cette Méditerranée qui doit appartenir elle aussi au signe du Bélier, avec ses colères inattendues, sa volupté de mordre à l'impossible, ses rêveries boudeuses, sa fierté de soi et sa passion de dominer les univers. Au nord, vous découvrez les longues et calmes ondulations des Corbières sans arbres, un troupeau de lourds dos mauves, des dos de mammouths oubliés par la préhistoire. A l'ouest et à vos pieds, tout autour des remparts ocres, vous avez soit le vaste livre ouvert des vignes, avec leurs lignes impeccables, le livre de nos grenaches et de nos muscats ; soit des champs d'oliviers trapus et sombres alternant sur un sol de cailloux avec des cortèges d'amandiers tordus ; soit des vergers d'abricotiers qui, au printemps, avec leurs myriades de fleurs immaculées, composent une mystérieuse féerie de neige. Dans la même vision, vous réunissez la forteresse et le village, la haute montagne et la montagnette, la mer et l'étang, le jardin et le marais, la vigne et l'arbre. Vous avez sous le regard extasié des tapis de lavande et des coulées de coquelicots, le mimosa et le palmier, la cerise et la grenade, le roseau et le jonc, le platane et le peuplier. Vous avez tout, avec de-ci, de-là, de fragiles baraques en planches pour les jardiniers, des cabanes de chasseurs et des huttes pointues à toits de joncs pour les pêcheurs de l'étang. C'est très beau. Du coup, même la masse de la Cave coopérative de vins rouges, avec son toit de tuiles rougeâtres, et la mélancolique gare grise, posée comme un jouet pauvre, en reçoivent quelque charme. Et vous trouvez dans le même petit univers, magiquement rassemblés comme pour composer le tableau d'un nouveau Bruegel, tous les animaux familiers du montagnard et du vigneron : dans les vignes, perdreaux, lièvres, sauterelles, mantes religieuses, coccinelles à nuées; dans les montagnettes, renards, lapins, cigales et grillons dont la plainte s'arrache et s'amplifie comme une prière demeurée de nos anciens conquérants arabes; dans les rues du village, moineaux et hirondelles par milliers; dans les champs, alouettes et étourneaux; dans les arbres, rossignols et mésanges, rouges-gorges et chardonnerets; sur les fleurs, des vols d'abeilles, qui rejoignent le soir les ruches près des remparts, et mille arabesques enchanteresses des papillons et des libellules; dans les marais, oies sauvages et canards à col vert, râles et vanneaux, bécassines et bécasses ; dans les ruisseaux, crapauds, grenouilles et tanches que l'on va piquer à la foëne, trident à long manche; dans les eaux et les boues de l'étang, des colonies d'anguilles, des troupeaux de muges, des peuplades de crabes. Enfant, l'on vous donne tout ce paradis d'un seul coup. Prends et joue! Il n'y a pas plus généreux Papa Noël. Je me passe même de réveille-matin, ce monstre numéro un des temps modernes. Je suis réveillé par les coqs, ou les chants des oiseaux. C'est naître dans la féerie. Comment, même quand viendront les temps inexorables des sonneries aigres, douter de la splendeur du monde?

Le climat n'a pas moins de caractère que le relief. Certes, il est volontiers excessif. Le Roussillon lui aussi a dû naître sous le signe du Bélier : il peut passer en quelques secondes de la sieste la plus tranquille à la rage la plus véhémente ; il peut subir des froids rigoureux comme des chaleurs écrasantes ; ses rivières, la Têt, le Tech, l'Agly, qui sont le plus souvent à sec comme des oueds, peuvent prendre des colères de Rhône. Mais c'est parce qu'il est outrancier, capricieux et contradictoire qu'il ne crée jamais l'ennui. De plus, il reçoit tous les vents ; du sud, l'espagnol, épais ; de l'est, la marinade, avec toute la respiration du large, fraîche ou moisie ; du nord, le narbonnais, agressif, piquant ; de l'ouest, la tramontane, royale, irrésistible, ample, ouragan bélier. L'on n'a jamais le même temps. Chaque heure peut porter sa surprise – même la plus redoutée : la pluie de pierre, la grêle, cauchemar du vigneron et du maraîcher. C'est un climat déroutant, même au printemps et en automne, d'ailleurs si tendres. Je me souviens aujourd'hui de mes nuits d'enfant comme si j'y étais encore : dans mon lit, si haut que j'y montais en prenant appui sur un escabeau, blotti sous mon gros édredon rouge, j'écoutais mugir la tramontane ; je croyais entendre une louve ; ou alors, le tonnerre craquait comme si le ciel se déchirait, et j'imaginais toute une guerre de loups au ciel. Je ne gambadais que plus joyeux, le matin, quand je retrouvais un azur que plus rien ne troublait.

Comme quoi, vous voyez, me voici très tôt marqué : paysage multiple, climat rebondissant, tous les attributs des natifs de fin mars et je devais être de naissance joueur comme un Grec, strict comme un Romain et conquérant grave comme un Wisigoth...

Sauf que je n'aurai jamais aimé jouer aux cartes.

Je ne saurai même pas jouer au poker. Au bridge, je serai du dernier médiocre. Je ne serai admissible qu'au rami et à la belote. A Salses, à l'époque, l'on joue cependant plus volontiers aux cartes catalanes (bâtons; épées; coupes et ors) : on dispute des parties animées de croquette, de truc – prononcez : *trrroukk* –, et de manille, muette ou parlée, *la muda o la parlada*. Mais, même là, je tiens ma place en rechignant, quand il manque un partenaire... Enfin, je ne ferai jamais de « patiences »; et je ne pratiquerai jamais les jeux de hasard, même pas la boule, à plus forte raison la roulette et le baccara.

Au nom de la morale?

Pas du tout. Simplement, je n'aime pas. Cartes, lotos, dominos, dés, dames, tous les jeux me laissent de glace.

Les échecs?

Jamais joué.

Est-ce important?

Comment savoir?

La pétanque, alors? Le billard?

Très peu. Je suis très maladroit de mes mains. Mais aussi, surtout, je lis beaucoup. Je suis un dévoreur de livres et de journaux. C'est mon jeu, le livre.

Vous vous étonnez que j'insiste à ce point sur mes origines, mes ancêtres, ma tramontane, mon signe... Tel est pourtant bien le cas : à mes yeux, ce sont des éléments fondamentaux. Serais-je le même si j'étais né Balance ou Vierge ou Scorpion? Non... Serais-je le même si, au lieu de naître Catalan, j'étais né Breton, voire Gascon ou Languedocien?... Serais-je le même, si j'avais été élevé dans un igloo ou dans un village des Pygmées?...

Fondamentalement, l'on est l'homme du destin qui vous dicte... Vous ne choisissez pas... Vous êtes désigné... Dans toute destinée, glorieuse ou humble, il y a 90 pour cent de destin, 9 pour cent de théâtre et 1 pour cent de génie personnel... Pour moi, par exemple, naître paysan est immense. Je pense à la grêle. Grelottant comme toute la famille quand la grêle tombe, j'aurai appris là une énorme peur des forces de la nature et des lois du destin. Par contre, si le paysan a peur des saisons, le paysan est aussi le modèle de l'homme qui se bat contre les saisons. Le paysan est le moins soumis des hommes. Même lapidé, il n'abdique jamais. Au plus fort du gel ou de la sécheresse, il *veut* sa moisson, il *veut* sa vendange et, en définitive, bon an mal an, à force de serrer les mâchoires, et à force de savoir, il *a* sa moisson, il *a* sa vendange. Le paysan est le seul à affronter directement l'orage et l'injustice. J'aurais été totalement différent si j'étais né chez un comptable ou chez un marquis du boulevard Saint-Germain.

De même encore, je pense à nos vendanges. Le village reçoit alors des *collas*, des troupes entières de vendangeurs de Barcelone ou de Saragosse, venues donner un coup de main pour rentrer plus vite la récolte. Dans les temps de repos, à l'*asmorza* (le petit déjeuner), ou à midi, ils exécutent des danses d'un paganisme fou, violemment obscènes, avec des mots à faire rougir un Rabelais et des gestes à rendre fades les danseurs de *Hair*.

Ainsi recommencent chez nous les déchaînements des bandes de Bacchus et de Priape. Avec eux, j'aurai revécu au contact de la déesse Terre. Assis dans l'herbe, à l'ombre d'un saule, regardant danser ces satyres au cuir noir et ces nymphes dodues, je retrouve toute l'intensité dionysiaque. Je ne serais pas le même si, enfant, je n'avais pas vu danser Bacchus.

Naître dans un pays de lumière relève de l'importance absolue. Or, je nais dans un pays d'incomparable lumière, aussi lyrique, aussi pure qu'aux paysages de Judée. Collioure et Banyuls ont le même jour que Nazareth et Tibériade. Nous avons les mêmes coquelicots, les mêmes oliviers, les mêmes montagnes mauves. Serais-je le même homme, le même écrivain, si j'étais né dans une patrie de brume ? Je ne crois pas à l'Homme abstrait. Impersonnel n'est pas un adjectif d'homme. Tous tant que nous sommes, nous sommes pétris d'une terre, d'un passé, d'étoiles et de mystère charnel. On n'échappe pas à soi-même. Feindre de dédaigner ou de récuser un ancêtre, un signe ou une enfance, c'est se déserter, c'est se fuir...

Je n'en démords pas. Ancêtres, Bélier, Roussillon, tramontane sont plus déterminants sur moi que tous les livres que j'aurai pu connaître ou les multiples pays que j'aurai pu visiter plus tard.

Et il y a un autre élément fondamental qui entre dans ma composition : je ne suis pas né dans la noblesse, ni même dans le tiers état. Je suis le fils d'un ouvrier viticole. Je viens du fond du peuple.

Mon père s'appelle Pierre Conte. Il a trente-trois ans en 1920. C'est un homme ragot, solidement planté en terre, avec une force exceptionnelle aux bras, et qui fait plier une pièce de deux sous en bronze entre ses dents. Il présente un large visage cuivré, au regard net et à la mâchoire carrée, avec un crâne tout rond posé sans cou sur un corps tout en vigueurs et énergies. C'est un rugueux, jaloux de son autorité, violent dans ses réflexes, ignorant la peur : du premier au dernier jour, il a fait la Grande Guerre dans les situations les plus héroïques, au départ simple soldat, à l'arrivée sergent-chef au 253e régiment d'infanterie ; le premier jour, en pantalon rouge, il montait à la baïonnette à l'assaut de lignes bavaroises tenues avec des mitrailleuses, et il en est à se demander encore comment les Bavarois n'ont pas gagné la guerre ; le dernier jour, quand le clairon eut sonné l'armistice, il alla avec sa section, pour fêter l'événement, vider des quantités de bidons de pinard avec les Prussiens d'en face, et leur officier lui révéla en riant qu'il avait mission dans la nuit qui suivait de faire un coup de main sur le poste tenu par mon père. Je ne serais pas né. Il raconte des histoires bouleversantes sur les tranchées, le Chemin des Dames, la Main de Massiges, d'une grosse voix sourde qui me semble résonner comme l'écho du soixante-quinze. N'admire surtout pas, *tit*, me dit-il souvent, je n'ai eu que de la chance. Il m'appelle *tit* en catalan – prononcez : *titt* –, qui est le diminutif de petit, mais avec une nuance plus affectueuse que l'adjectif français. Au total, c'est un homme simple, qui n'a de vraie passion que pour la promotion et le bonheur des siens. Il n'a pas le certificat d'études, mais il est conseiller municipal. Il n'a pas fait les humanités, mais il a l'humanité en trésor : non seulement il a le regard le plus clair pour juger les hommes et les situations, mais encore, pour les siens, ce fils de la colère nourrit des bontés à l'infini. Ainsi ne m'aura-t-il jamais giflé, sauf une fois, quand j'ai dix ans : je reçois une correction mémorable pour avoir volé une poignée de cerises dans le jardin d'un voisin. Je ne reconnaîtrai qu'avec mon propre petit garçon l'indicible communion qui m'unit totalement à mon père, que je ne cesserai jamais d'admirer... Il ne prend qu'une distraction : lui aime jouer aux cartes – jouotter, dit-il – et, chaque soir, après souper (nous disons souper pour dîner; dîner pour déjeuner), tandis que ma mère fait sa vaisselle et ensuite lit un roman de la bibliothèque municipale, il va disputer une manille ou une *bourre* chez le maire, M. Fernand Brégoulat, son meilleur ami, négociant en vin, premier bourgeois de la commune. C'est le rythme perpétuel de sa vie : dès l'aube, à la vigne; tous les repas à la maison; la soirée à la manille. Naturellement, on ne joue pas de quoi se ruiner. On sait mesurer ses atouts. On connaît trop le proverbe catalan :

De manilla no sortiràs
Que no tinguis rei o as.
Tu ne joueras pas la manille
Que tu n'aies le roi ou l'as.

Ma mère, à l'opposé, est toute en fragilité. Ce que les Conte ont en rudesse, aime dire ma grand-mère maternelle, les Parazols l'ont en finesse. Ma mère est née Marie-Thérèse Parazols. Elle est toute en grâce. Grande, plus grande que mon père, élancée, d'une distinction de princesse, d'une politesse religieuse, d'une admirable beauté avec son long visage triangulaire qui dégage un front ample, affine le menton et recueille des yeux de biche, elle exprime l'incomparable douceur de la tendre gardienne du foyer. Elle a de longues mains que j'admire inlassablement quand elle tricote ou reprise des chaussettes. Elle est grave; elle n'est pas prodigue de sourires, mais, quand elle sourit, il n'y a jamais eu plus de tendresse. A cet instant même, alors que je l'évoque tandis qu'elle s'éloigne vers le lavoir communal, son ballot de linge sous le bras, je sais que je dois contempler, en sa démarche sûre et heureuse de paysanne digne, un sommet de l'élégance. Tant pis si dans mon émotion, vous me trouvez un peu ridicule, ou indiscret... Je suis décidé à ne rien cacher : ma première reine, elle est là... Jamais je n'aurai voué un respect avec un tel infini.

...Une reine...

...Il ne lui manque que le diadème et le palais.

Nous habitons une petite maison à deux étages et à deux chambres, face à la place de la République, tout près d'une fontaine communale à long levier, sur la route nationale de Narbonne à Perpignan : il n'y passe qu'un camion et deux voitures toutes les trois heures; enfant, nous y jouons; elle n'est pas encore goudronnée; et le maire est le seul citoyen du village avec le médecin à posséder sa propre automobile, laquelle a d'ailleurs la renommée d'être en panne permanente.

Deux étages, ai-je dit. C'est que le rez-de-chaussée et le grenier du second sont domaines du vigneron. Au rez-de-chaussée, auquel on accède par une lourde porte, rongée de vieillesse, datant pour le moins de l'époque espagnole, qui s'ouvre avec une grosse clef, nous tenons les tonneaux de vin pour la consommation familiale, un tonnelet de vinaigre, l'emplacement à pommes de terre, la serre des fagots de sarments et le tas des vieilles souches, qui flambent dans l'âtre. Au grenier, nous accumulons tout le bric-à-brac d'une vie paysanne : des raisins à sécher et des nèfles brunes ; des tapis de haricots secs ; le « manger » des lapins et des canards ; de vieux harnais ; toutes sortes de cordages ; des amoncellements de vieux outils qui pourront resservir « un jour » ; des coings conservés à mûrir sur la paille et dont ma mère fera une pâte savoureuse ; tous les vieux calendriers ; des séries de l'almanach Vermot ; les catalogues de Docks méridionaux ; des meubles cassés ; des chaînes rouillées ; que sais-je encore...

Nous vivons au premier étage : une chambre avec fenêtre sur rue, qui donne sur le préau à sarments du boulanger ; une chambre sans fenêtre, que nous appelons la chambre obscure, la *cambra fosca* ; et une large cuisine, avec un grand évier et une large cheminée. Évidemment, nous n'avons ni salon, ni salle à manger, ni chauffage central. Nous prenons nos repas à une petite table rectangulaire et boiteuse qu'il faut équilibrer en glissant des rondelles de bouchon de liège sous ses pieds et qui est toujours recouverte d'une toile cirée à carreaux blancs et rouges. L'été, on ouvre toute grande la fenêtre pour faire entrer le soleil, on tire les rideaux, eux aussi blanc et rouge, ton sur ton, et on écoute les oiseaux chanter. L'hiver, on entretient en permanence un grand feu, et même, de surcroît, au moment des repas, pour se chauffer les jambes, on glisse sous la table un large seau, un seau à vendanges, plein de cendres chaudes et de braises. Le soir après souper, avant que mon père ne parte pour sa manille, ma mère lui fait lecture du feuilleton du journal départemental, *L'Indépendant de Perpignan* – je me rappelle un titre : *John, chauffeur russe* – et ils commentent paisiblement l'intrigue ou les dialogues en croquant des amandes ou des figues sèches ou en savourant la confiture d'abricots offerte par la grand-mère, tandis que je joue dans les pattes d'un chien des marais infiniment patient, un griffon qui, en dépit de son poil gris, s'appelle Black : personne au village ne connaît un seul traître mot d'anglais et nous croirions à peine que Black puisse signifier Noiraud...

L'hiver, dès que mon père est sorti, nous nous blottissons avec ma mère tout près du feu. Elle fait griller des châtaignes qui craquent ; ou elle glisse des pommes de terre sous la cendre ; ou elle fait chauffer une tisane. Elle m'enseigne les vieilles chansons catalanes. Elle a une voix sûre et chaude. Ma petite voix d'enfant s'agite là-dessus comme un oiselet sur une branche de fleurs. C'est là que je chante pour la première fois la romance du moineau – *Lo Pardal* – qui se lamente parce que sa bien-aimée est en cage et vainement il fait ramée, ramée... Ou la complainte des Montagnes Régalées, *Montanyas Regaladas*, « vêtues de fleurs et couronnées d'argent »..., ou les strophes gaies de la Bepa, la Catalane légendaire, qui s'attarde étrangement à la rivière, où elle dit être allée laver son tablier. C'est là aussi que j'apprends mes premiers cantiques, naturellement catalans – *La Nuit de Noël*, *La Joie des œufs de Pâques* – car ma mère, sans être bigote, est très pieuse, alors que mon père, socialiste indépendant bon teint comme M. Brégoulat, affecte l'indifférence des esprits forts et la tolérance des esprits justes. Rien n'est plus attachant que de tels moments : le feu pétille, les flammes dansent, nos murs rougeoient, on vit comme dans un monde féerique, et ces deux voix chétives qui jouent ensemble, c'est encore meilleur que des baisers...

Je passe ainsi une merveilleuse enfance, entre ces deux êtres clairs, qui pensent simplement, aiment simplement et savent tout transposer en termes simples. Nous sommes pauvres, mais nous sommes infiniment heureux, parce que ces gens si simples ont un cœur grand comme ça...

La sainte famille ne s'arrête pas là. Nous allons assez souvent souper ou passer des soirées chez mes grands-parents maternels, qui habitent du côté de la gare, et qui hébergent mes arrière-grands-parents. Mon arrière-grand-père est un ancien berger pour chèvres et moutons, et vient à peine de quitter son troupeau du mas Lacombe : il fut fiancé onze ans avec mon arrière-grand-mère, la « Marie du berger », avant de se marier; il fut fait prisonnier à Sedan durant la guerre de 1870; affecté dans une ferme, il manqua y demeurer à jamais avec une plantureuse Westphalienne qui avait des seins « comme des choux-fleurs » et un postérieur de percheronne; mon arrière-grand-mère en tremblera jusqu'à sa mort, elle qui est brune et sèche comme un sarment d'Alicante. Mon grand-père, que j'appelle Papa Arthur et à qui je dois directement mon si beau prénom – en catalan, on prononce Arrrthurrr – est, comme l'on dit chez nous, un « petit propriétaire », c'est-à-dire que, comme un artisan, il travaille lui-même ses cinq ou six hectares, où il obtient péniblement quelque deux cents hectos de vin rouge et vingt hectos de grenache. Il est l'un des fondateurs de la Cave coopérative de vinification, fondée contre la grande majorité des Salséens qui, fièrement, proclament que « le vin, ça se fait chez soi, comme les enfants ». Il se justifie calmement en expliquant que « le monde ira à la coopérative comme l'anguille à l'étang ». Il est vrai qu'il n'élève jamais la voix. Il est aussi calme que mon père est tempétueux. Il est aussi élancé que mon père est trapu. Sa haute taille lui a même valu de servir dans l'artillerie, et non chez « ces petits fantassins ». Placidement, « sans jamais bousculer la bête », il a fait son service à Castres, dont il ne garde que de gais souvenirs. Et c'est placidement qu'il a fait la Grande Guerre, au début affecté à la surveillance d'un camp de prisonniers près de Perpignan, plus tard muté dans une batterie chargée de protéger Paris. Il dit : « du côté de la Marne, mais plus près de Paris que de la Marne ». Il n'a souvenir que d'une seule bombe. Un jour, il bayait aux corneilles, sur le seuil d'une cave. Il était naturellement si loin du front qu'il n'entendait même pas le bruit des canons. Tout à coup, il aperçut un petit avion, qui n'avait pas de cocarde tricolore. Deux secondes plus tard, avec un grand bruit, un grand vent le précipita jusqu'au fond de l'escalier. Il n'en eut pas le moindre mal, mais, durant des heures, chercha en vain son dentier. Ce dentier, dont j'entendrai parler mille fois, représente pour moi un sommet du sacrifice... Il est vrai aussi que Papa Arthur – qui ne joue jamais aux cartes, de même qu'il ne va jamais « au café » – parcourt à longueur de soirée d'interminables romans de cape et d'épée, dont il me lit les phrases les plus claironnantes : ce partisan de la paix universelle et totale, qui n'a jamais élevé la voix contre quiconque, ni n'a jamais frappé personne, prend dès lors à mes yeux une auréole de héros ; ce pacifiste dans l'âme devient mon premier d'Artagnan...

Si l'on parle beaucoup de cette bombe et de ce dentier, c'est que tous les dimanches soir, après souper, toute la tribu se rassemble au coin du feu, pour écouter les hommes raconter leur guerre. *Ma* guerre, disent-ils tous, comme s'ils disaient : mon village, ma casquette ou mes économies. Père, grand-père et arrière-grand-père s'installent sous l'âtre, tandis que les femmes font flamber des *bougnetas*, les crêpes de chez nous. « *On hi ha menjar, no m'enyoro* – où il y a à manger, je ne m'ennuie pas. » Ils sont tous les trois coiffés de casquettes dont les ailes peuvent se rabattre sur les oreilles. Ils sont chaussés des mêmes espadrilles ou des mêmes godillots à clous. Ils portent, sur une chemise de flanelle grise, le même costume de gros velours côtelé, couleur bistre. Seul, mon père fume : des cigarettes de tabac gris qu'il roule entre ses doigts et qu'il allume, soit avec son briquet à longue mèche, soit avec une braise saisie avec les longues pincettes du feu. Papa Arthur suce des pastilles Valda, parce qu'il a la gorge fragile, et mon arrière-grand-père, que j'appelle « Granett », mastique un long bâton de réglisse. Ils racontent toujours avec les mêmes mots les mêmes anecdotes. Je ne me lasse jamais de les entendre. Mon père évoque le jour où il fut le seul de toute sa section à ne pas être pris par les Prussiens, et rampa dans la boue sur deux kilomètres, peut-être même trois. Papa Arthur relate des historiettes d'artillerie lourde, vécues en compagnie de son meilleur ami de régiment, un agriculteur de Saint-Martin-Lalande, dans l'Aude, dénommé Petitpé (*sic*). Granett évoque son Sedan et son Reichshoffen, en affectant de ne pas remarquer que les deux autres, qui n'ont pas vécu une si petite guerre, « presque une guerre pour rire », l'écoutent avec quelque commisération. Et moi, là, tout petit, blotti sur les genoux de l'arrière-grand-mère que j'appelle *La Mara* – La Mère, au sens de La Mère de tous – c'est comme si je mangeais et buvais de la guerre, de l'épopée, de l'incomparable... Il faut reconnaître que c'est beau, une guerre où l'on a survécu...

Ou alors, tandis que les hommes piquent du boudin grillé et se font passer la gourde pour boire du grenache à la régalade, ma grand-mère, qui est aussi ma marraine, Marraine Marie, raconte – toujours en catalan, naturellement – les légendes héritées des longs siècles. Elle, c'est une sainte. Je ne l'ai jamais connue que vêtue de noir, avec une jupe large qui tombe jusque sur les chevilles, un fichu de grosse laine sur les épaules, et un foulard noué sous le menton pour cacher les cheveux; quand on a eu un grand deuil, chez nos paysannes, on ne le quitte plus jamais; or elle a perdu durant ces dernières années un frère tout jeune, de la diphtérie – le terrible « croup », qui est l'une de nos terreurs –, un beau-frère tout jeune, de la tuberculose, et un fils de seize ans, en 1919, de la grippe espagnole. Ils se prénommaient tous les trois Jean, et voici pourquoi aussi je me suis appelé Arthur, pour éviter un prénom qui attire la malédiction dans la famille. Elle a donc à porter le noir perpétuel... Elle possède un visage d'une indicible bonté. Ses yeux portent toute la pureté d'une âme sans remous. Je ne l'ai jamais entendue médire de qui que ce soit. Il faut la voir, là, dans l'emplacement de l'âtre réservé aux femmes, avec à sa droite ma mère, qui étire la pâte des *bougnetas* sur un genou, et à sa gauche, sa seconde fille, Tante Marcelle, qui est en train de confectionner deux robes (car on ne va pas chez la couturière et les deux sœurs s'habillent toujours de la même façon), et qui, elle aussi, a un visage de légende, avec ses yeux gris, son paisible visage ovale et son long cou de cygne. Marraine Marie est la statue même de la gardienne du foyer, qui sera, dans l'éternité, gardienne du ciel. Elle règne. C'est elle qui, en définitive, entre la trop vieille et les trop jeunes, constitue la figure centrale. Quand elle parle, tout le monde se tait, même les hommes, avec un respect illimité, presque religieux, que je n'ai plus jamais retrouvé nulle part – le respect dû à la grande dame de la maison pauvre.

Nous ne parlons jamais en français quand nous sommes en famille.

Jamais. Nous sommes des paysans catalans, vrais de pied en cap. Et nous menons la vie la plus fruste. Il faut dire que le village n'a encore installé ni adduction d'eau ni réseau d'égouts. Au plan de l'hygiène et de l'existence quotidienne, nous vivons comme au Moyen Age. L'eau, nous allons la chercher à la fontaine près de l'église, avec de grands seaux, un long broc blanc ou la cruche de terre. Nos besoins naturels, nous les accomplissons dans la basse-cour, derrière le poulailler, ou dans des seaux hygiéniques, ironiquement décorés de fleurs roses et bleues, que les femmes vont vider tous les matins à quelque cinq cents mètres du village, dans le « Grand Ruisseau » qui renvoie le tout à l'étang... Le chauffage est réduit au feu de bois, dans l'unique cheminée : on gèle dans les chambres ; certaines nuits, la température y est si glaciale qu'au matin on retrouve gelée, en bloc de glace, l'eau du verre où Papa Arthur, avant de se coucher, met son dentier à tremper, le dentier qui a remplacé l'illustre ; et il faut délivrer le dentier de sa prison de glace à coups de couteau ou de fourchette. Les courants d'air sont si vifs et agressifs qu'il faut plaquer de longs bourrelets de son au bas des portes, lesquelles sont toutes épouvantablement mal jointes. Pour la douche, on se met debout dans une comporte ou une bassine, et on se fait verser sur les épaules deux brocs d'eau. Je ne sais pas ce qu'est une savonnette : on se savonne avec de gros cubes de savon de Marseille. Si l'on s'enrhume, Marraine Marie vous applique douze ventouses sur le dos, ou vous ligote un large tampon de Thermogène sur la poitrine, ou vous administre un « parfum » : au lit, elle vous place entre les genoux un récipient d'eau fumante, parfumée d'herbes des Corbières ; elle vous enveloppe, vous et récipient, dans un drap de lit ; et, sous cette tente prison, vous devez humer à pleins poumons les délices des montagnettes, pour mieux suer rhume ou grippe...

Dans mon soulier de Noël, je ne reçois pas de jouets, seulement une bourse de berlingots à la menthe ou de fondants au chocolat. J'apprends très tôt à fabriquer moi-même avec du carton, du fil de fer et du raphia mes soldats de l'an II et mes dragons de la garde. A huit ans, quand je commence à jouer au rugby – qui est le sport national des Catalans –, je n'ai pas de ballon : on marque nos premiers essais et on exécute nos premières feintes de passe avec de vieux chiffons serrés en boule.

Durant toutes les années vingt, nous ne mangeons du bœuf qu'une fois par semaine. Du bœuf est du luxe. Et je n'ai droit au chocolat que pour les fêtes. Du luxe aussi le beurre, le petit beurre, la sole, la dinde. Il faut dire cependant que nous ne manquons pas de vitamines. Nous sommes pauvres, mais pas comme des Hindous. Nous vivons sur les produits de notre sol. Notre jardin du côté des marais, qui a une bonne terre, nous fournit toute l'année en fruits et légumes. Nous avons nos cochons et nos cochonnailles. Marraine Marie confectionne de sensationnelles provisions de confit de canard et de confitures, d'abricots, de cerises ou de figues. Nous fabriquons notre absinthe, nos meilleures médecines et notre liqueur à grains de raisin muscat avec notre propre alcool. Notre dessert est constitué de beignets de toutes sortes qui relèvent de la spécialité de La Mara, ou de gâteaux plus modernistes dont se charge Tante Marcelle, crème caramélisée dite Malakoff, bras-de-Vénus (qu'on appelle en catalan bras-de-Gitano, sans doute parce que la croûte doit en être brune), ou gâteaux de Savoie. Et si le menu rituel de chaque soir consiste en la classique *ouillade*, la soupe aux choux et aux haricots, notre plat national – *trumfis i fesols, qui dimoni vols?*, des patates et des fayots, que diable veux-tu de plus ? –, nous savons faire fête le dimanche avec quelque gibier offert par l'oncle Léon ou par l'ami Valentin, qui sont grands chasseurs, ou avec une solide *bouillinade*, bouillabaisse blanche, fortement épicée, cuisinée avec larges tranches de pain aillé, anguilles de l'étang et petits crabes rouges. Avant d'entamer le pain de trois kilos – dimension classique – personne, même ceux qui ne vont pas à la messe, ne manquerait d'y tracer avec le couteau le signe de croix, signe que nous savons gré au bon Dieu de ne pas connaître le pire cauchemar des paysans des vieux âges ou de la vieille Chine, la famine...

J'apprends moi-même, dès mes jeunes années, à ramasser les sarments en octobre, à récolter les petits pois (Dieu, quel mal au dos!), à vendanger, sécateur ou faucille à la main, et à abreuver ou à atteler les bêtes, les deux bêtes de Papa Arthur, une jument baie qui s'appelle Coquette et une ânesse trop ventrue qui ne s'en appelle pas moins Coquette aussi. Les bêtes vivent au plus près de notre cœur. Le jour où Coquette la jument se fait attaquer par un essaim d'abeilles et manque en mourir, nous sommes tous malades avec elle. Et nous avons trois chats, Minet, Minette et Minou, qui, la nuit, pourchassent à qui mieux mieux les rats dans les greniers ou au cellier. Naturellement, nous ne battons jamais nos bêtes... Nous ne nous endimanchons que le dimanche, c'est le cas de le dire, et, à part les costumes des hommes, tout est fabriqué, même mes premiers costumes, par Tante Marcelle, qui a de tels doigts de fée qu'on lui achète une machine à coudre Singer, au magasin des Dames de France de Perpignan...

Et tout le monde au village vit aussi simplement. Je le vois bien quand je vais jouer chez les multiples cousines ou cousins que nous y comptons, ou quand je vais déjeuner chez mes grands-parents paternels qui habitent au sud de l'agglomération, sur la route de Saint-Hippolyte. Lui s'appelle aussi Pierre Conte, comme son propre père et son propre grand-père – et comme s'appellera mon fils. On le tient pour l'homme le plus fort de Salses – adolescent, il adorait se mesurer avec les ours de foire; il est capable de charger un âne sur son dos, et il est si râblé et trapu, court de taille mais avec des épaules de Rigoulot, qu'on l'appelle le Carré, aussi large que haut. Ma grand-mère paternelle est aussi une Marie, comme la plupart des femmes du village : c'est un petit bout de femme, nerveuse et intrépide comme une fourmi, infatigable comme une fourmi, qui a su élever ses deux garçons avec l'énergie d'un capitaine, et il le fallait. Ils vivent au même rythme et avec la même sobriété que tous. Seule originalité de mon grand-père Conte : pour se laver les dents, comme la brosse est inconnue, il s'imbibe la bouche tous les matins avec une lampée d'alcool à 90 degrés ; il ne sera jamais allé une fois dans sa vie chez le dentiste.

Comment ne pas garder de mon enfance un souvenir enchanteur ? Ils sont tous vêtus de grosse étoffe, mais ils ont un cœur illimité. Et ils chantent. On n'arrête pas de chanter. Ou alors, sans méchanceté, on raconte de bonnes histoires de village qui nous font rire à perdre haleine : la Philomène a corrigé à coups de manche de pelle son Hercule qui la trompait avec l'Honorine ; la Marie dite Sans-Pareille, qui a un poitrail et une croupe de bonne jument boulonnaise, a glissé sur l'herbe mouillée et est tombée dans le Grand Ruisseau qui sert d'égout ; le minuscule Tripette est ridicule quand il danse la mazurka avec l'énorme Trinitat, enflée comme une cuve de cent cinquante hectos..., etc. Croyez-moi, assure Papa Arthur, les colonels eux-mêmes, et même les négociants en fourrage ou les sénateurs, ne vivent pas mieux que nous. Il pourrait aussi dire : ne mangent pas mieux que nous. Car je ne mangerai jamais mieux plus tard dans les plus grands restaurants parisiens. Il faut dire que Mère, comme Marraine Marie, fait tout cuire au feu de sarments : choux gratinés à petit feu qui font merveille ; poulets à la catalane, sauce au citron ; omelettes en sauce comme je n'en savourerai plus jamais ; ragoûts – que nous appelons fricots – si onctueux et parfumés qu'il faudrait, propose Papa Arthur, les recommander aux cuisines de saint Pierre, dont chacun sait qu'il raffole de coquelets, et à ceux de saint Gauderique, l'ennemi de la grêle, afin que ces braves gens nous veuillent encore plus de bien ; cassoulets ou étouffés mijotés pendant des heures ; macreuses farcies aux crabes ; gratins d'anguilles ; et civets divins, composés avec du vieux *rancio* et du thym de paradis, servis tout fumants avec un jus épais comme du caramel noir. Ça travaille dur, mais ça vit de bon cœur, et de bon estomac.

L'harmonie est totale. Vie en musique. Puis arrive ma petite sœur, Thérèse, elle aussi pétrie dans l'âme de nos femmes. Merveilleuse petite sœur. Nous n'aurons jamais le moindre mot l'un contre l'autre. Nous vivons tous en communion absolue. Tous les jours se succèdent dans une inégalable unité. Et nous restons sur place. Nous ne voyageons pour ainsi dire pas. Nous ne quittons quelques heures Salses que pour aller – encore est-ce rarement – à la ville ou à la mer. L'été, le 1er août et le 15 août, nous attelons la jument à un vieux break et nous allons nous baigner en tribu à la plage des Barcarès, à douze kilomètres ; il nous faut deux heures de trajet, car nous ne voulons pas essouffler Coquette ; nous la baignons parmi nous, et j'aide mon père à l'asperger et à l'étriller ; puis, nous mangeons sur le sable, anchois aux œufs, sardines fraîches et côtelettes de porc froides ; puis nous faisons la sieste à l'ombre du break ; je ne serai certes pas plus enchanté la première fois que je verrai San Francisco ou le pain de sucre de Rio... Pour aller à Perpignan, il nous faut près de trois heures de break ou de charrette. Nous y allons surtout le 11 novembre, mon plus beau jour de l'année, date de la foire de Saint-Martin. Nous quittons Salses quand il fait nuit encore. Arrivés à Perpignan, nous laissons Coquette chez un maquignon, puis, avec les hommes, nous allons à la foire aux bestiaux, où on fait foule pour voir chevaux, baudets, porcs et moutons. Nous, de tout le matin, nous ne quittons pas les chevaux. On m'enseigne rapidement à distinguer un percheron d'un breton ou d'un boulonnais ; j'apprends aussi à séparer un cheval faux d'un animal franc, une encolure molle d'un solide poitrail pour grand labour. Puis – alors que les femmes hantent en ville les magasins de la rue de la Barre ou les rayons des Nouvelles Galeries, et déjeunent de pain frais et de saucisson du Vallespir sur un banc de la promenade des Platanes – nous, les hommes, nous allons à l'hôtel de la Perdrix engloutir des hectogrammes de hors-d'œuvre, des tripes à la catalane (sauce blanche et persillée), un gigot monumental et des portions phénoménales de saint-honoré. Événement : père boit alors son seul armagnac de l'année. L'après-midi est pour les jeux des baraques : tapis roulant, chenille galopante, grande roue, chevaux de bois, berlingots et nougats à la pelle. Il arrive que Marraine Marie gagne une oie dans une loterie, une oie vivante ; et nous voici remontant parmi la foule la promenade de la Pépinière sur toute sa longueur, au rythme des glapissements de notre proie, tenue solidement à pleins bras par ma grand-mère, qui reste aussi sereine que si elle portait une gerbe de lys...

Le village lui-même a une forte personnalité. Je n'aurai aucune peine, quarante ans plus tard, à le faire parler à la première personne quand je lui demanderai de raconter sa vie, dans le roman qui, de tous les livres que je pourrai écrire, sera mon livre préféré, *La Vigne sous le rempart*. C'est très dru, comme vie. Et on ne s'y ennuie pas. D'abord, la plupart des chefs de famille se désignent par un surnom, et pas par leur nom. Nous avons le Chat, le Tue-Chats, la Guenon, le Suce-Singes, Barbe-de-Cassette (je n'en ai pas l'explication) ; l'Escargot (Lo Cargol : car, évidemment, tous ces surnoms sont catalans); Pitote, qui est le croque-mort; Chandelle, Ficelle, Pichelelle, Longue-Saucisse, Botifara (le boudin noir de chez nous) l'Étourdi, Grenouille, Crapaud, l'Anguille, Petit-Crabe... Nous avons aussi, car, dans ce pays de nature, un chat s'appelle un chat, le Pisseur, le Pisseux, le Chieur, le Chiant, le Chié et Chie-Pistaches... Le village en prend un dialogue de théâtre...

Ensuite, il y a toute une vie très frémissante. Elle s'exprime notamment dans nos trois cafés, **La Loge, La Paix et Le France**, qui font le plein tous les soirs et organisent à l'époque de Noël de sensationnelles *rifles*. La *rifle* est un jeu de loto public où les vainqueurs – les joueurs qui, les premiers de tous, réussissent une quine ou un carton plein – gagnent des lots constitués de volailles, de touron catalan, de noix et de figues sèches : un cochon est même prévu pour le vainqueur du gros lot final. On s'y rend par familles entières. Dans une fumée de tabac à couper au couteau, on se serre étroitement autour des tables de marbre. On boit des bocks, de la limonade d'Ille ou des mazagrans. On marque les numéros avec des haricots roux. Les joueurs les plus vaillants prennent quatre cartons, d'aucuns même cinq. L'originalité et le pittoresque du jeu consistent dans le mini-commentaire traditionnel et spirituel dont le tireur accompagne chaque numéro qu'il sort de son sac. Il s'exprime tantôt en français, tantôt en catalan. Par exemple, le numéro 1 est suivi d'un inévitable « Tout seul ! » Le numéro 3 est *el grassillo*, le friton ou graton ; le 8 est la *carbasse*, la citrouille ou plutôt la calebasse ; le 6 est « queue en l'air » ; le 9 « queue en bas ». Les deux bossus, *els geperuts*, sont inséparables du 33. *Las dos cadires*, les deux chaises, annoncent le 44 ; *les dos picasses*, les deux haches, le 77 ; *els bots de vi*, les outres de vin, le 88. « Les deux cocottes » suivent gentiment le 22. Le 70, c'est « l'année terrible » ; 71, « trop tard ! » ; 75, « boum-boum », en hommage au calibre du canon qui, avec les poilus de Joffre et de Foch, gagna la Grande Guerre. La salle reprend en chœur le commentaire du tireur. 90, *grospapa* (il n'y a pas de numéro au-delà) ; 13, *treza*, Thérèse ma sœur ; 14, « l'homme fort ». Le 5, la *t'hitine*, évoque « là-je t'y tiens ». 69, « il fallait y penser ! ». De la sorte, tandis que défilent les chiffres et que se succèdent les quines, si vous ne gagnez pas, vous avez du moins le bonheur d'assister à un genre de théâtre, à un sketch, mi-répétitif mi-improvisé, où l'on apprécie autant la voix de stentor du tireur (sans micro) que son don d'invention. Je m'y rends rituellement avec Papa Arthur. Il dit : « Le principal n'est pas de vouloir gagner, mais de savoir passer son temps. » Et la criée de se poursuivre, toujours aussi joyeuse... 7, *Tinc set* (j'ai soif, car soif se dit *set* en catalan) et le tireur a droit à un bock ou à un cognac ; 10, *deu*, Dieu le veut ; 11, *las camas d'an Tripette*, les jambes de Tripette, lequel les a singulièrement minces...

Il y a d'autres occasions de distraction : la « parlote » (le bavardage), chez le bourrelier, chez le sellier, chez le maréchal-ferrant, plus encore chez le coiffeur, car peu d'hommes se rasent eux-mêmes, on se fait raser tous les deux jours, et l'occasion est admirable de jaser de tout et de rien. C'est encore là qu'on parle politique, durant les campagnes électorales. On vit en effet les sommets de la Troisième République. On est au zénith du parlementarisme absolu : car le parlementarisme ne doit pas se réduire à des duels d'éloquence entre quelques centaines de députés et de sénateurs ; le vrai parlementarisme consiste à faire parlementer tous les citoyens avant que le vote ratifie la volonté du plus grand nombre ; et les Salséens, entre autres, ne se privent pas de parlementer ; ils sauraient d'ailleurs presque tous à cette date vous établir même la différence entre un socialiste républicain et un républicain socialiste. Je n'aurai même jamais autant entendu parler politique que durant mon enfance.

Le cinéma commence à peine à entrer dans les mœurs. Des cinémas ambulants, une ou deux fois par semaine, viennent donner, évidemment en muet, un spectacle de quelques heures. J'y vais avec Tante Marcelle. Chaque client doit apporter sa chaise. On joue, l'été, sur la place de la République ; l'hiver dans la salle de bal, une ancienne grange rafistolée et enguirlandée. La soirée commence par un Charlot; on termine par un Ramon Novarro ou par un Tom Mix, premier cowboy de mon idéal, dont je rêve de posséder un jour le cheval Tony. Souvent, le film casse : on patiente en léchant des sucettes au miel ou en croquant des cacahuètes. Souvent aussi, un pet claque ou retentit dans l'assistance : on ne proteste que s'il survient dans un moment pathétique...

Par contre, les cirques ambulants sont nombreux. Curieusement, depuis des siècles, les Salséens ne se lassent pas de voir toujours les mêmes numéros : chiens dressés, chèvres savantes, danseuse rose sur fil de fer, Auguste en gros souliers, Pierrot enfariné ou inévitables trapézistes. La répétition reste l'un des génies de l'art. Et pourquoi donc vouloir tous les jours inventer ?

Quant au théâtre, notre formule est simple : nous avons nos propres soirées théâtrales, texte de Salses, mise en scène de Salses, stars de Salses. Ou bien l'on interprète des mélodrames, choisis parmi la généreuse production du début du siècle, *Roger la Honte* ou *La Joueuse d'Orgue*, en français cette fois. Ou bien l'on donne un spectacle de variétés : l'un chante du Maurice Chevalier, un autre du Milton, un autre récite un poème patriotique de Victor Hugo, le comique de la bande mime un troupier, les plus doués entonnent « Je pense à vous quand je m'éveille... » ou *La Chanson des blés d'or*, où l'on écoute, avec un ravissement jamais lassé, les vers magiques de Mosseo Jacinto Verdaguer :

> *Lo rossinyol entre' los arbres*
> *Ha cantat tota la nit*
> *Del presseguer a la curere*

AU VILLAGE DE MON ENFANCE

De la eurere al romani.
Quines pasades tan fines!
Quin refilar tan bonich!

Le rossignol entre les arbres
A chanté toute la nuit
Du pêcher à la ronce
De la ronce au romarin
Quelles tirades si fines!
Quel trille si câlin!

Un seul sport : le rugby. C'est la grande époque, au plan du championnat national, des Ramis, des Pascot, des Vaquer, des Got, des Ribère. Tout le Roussillon vibre avec l'Union sportive de Perpignan, l'USP, qui vient d'entrer « dans l'élite ». Du coup, le ballon ovale est roi. On commence à y jouer dans la rue, à huit ou neuf ans, avec un vieux tablier noué sur lui-même en guise de ballon. On organise plus tard des parties plus sérieuses dans la cour de la gare, avec une balle volée à une petite fille. A quatorze ou quinze ans, on aborde le terrain municipal : les Crouettes, avec un vrai ballon et des équipements de hasard. Il y faut quelque courage. En ce temps-là, l'agriculture détient jalousement l'exclusivité des bonnes terres : les rugbymen n'ont droit qu'au terrain le plus dur et le plus caillouteux de tout le territoire. Par bonheur, la passion fait oublier tous les malheurs. Nous avons beau revenir chaque fois à la maison avec les genoux en sang, un flanc labouré de coups de crampons, et des châtaignes sur tout le visage, nous jouerions même en enfer. La rage rugbystique n'épargne personne : on assure même que, l'année où l'USP joue pour la première fois à

Béziers la finale du championnat de France, en 1925, l'évêque de Perpignan lui-même, Monseigneur Carsalade du Pont, à la cathédrale Saint-Jean, à l'heure des vêpres qui coïncide avec l'heure du match, voue toute sa prière à supplier le bon Dieu pour la victoire catalane. (Et sa fervente prière appelle un superbe essai du légendaire Ramis, qui nous vaut la victoire.)

Vraiment une sorte de religion, le rugby. Le culte ne s'interrompt qu'à la mort. A trente ans, ainsi, je cesserai de le pratiquer (encore que certains hommes, comme Haroun Tazieff, y auront joué jusqu'à cinquante ou soixante ans). Mais, le samedi après-midi, encore à plus de soixante-dix ans, rien ne me fera manquer à la télé un match du Tournoi des Cinq Nations, même si l'équipe de France ne figure pas sur l'affiche.

Je joue le plus volontiers trois-quarts centre ou demi d'ouverture. A dix-huit ans, je suis loin de peser les 87 kilos qui me vaudront plus tard une stature de deuxième ligne. Je suis aussi mince qu'une feuille de platane.

Brillant? Franchement non.

Joueur très moyen. Un peu de tête, mais pas assez de jambes. Je vois le trou où s'infiltrer comme un éclair, mais il manque toujours le quart de seconde magique, le génial coup de reins qui peut seul désorienter les défenseurs. Je n'en joue pas moins de toute ma passion, comme tout le monde : au rugby, on joue mystique ou on ne joue pas. Et c'est là que j'aurai pris aussi mes meilleures leçons de courage : quand on a affronté les bisons de la mêlée, on peut défier tous les bisons de la vie.

De plus, le rugby est un sport total, qui est une

synthèse de tous les autres sports. On y court et on y saute, on y boxe et on y lutte ; on y plaque et on y pousse (comme des béliers) ; on tire au but, on feinte, on déborde, on intercepte ; on doit happer des ballons qui vous tombent de trente mètres de haut ; du coup de pied le plus sûr, pour ne pas manquer la touche, il faut les renvoyer à cinquante mètres de distance. On est tour à tour bison et anguille, lièvre et tortue (il y faut beaucoup de carapace). On sprinte, on fuit, on poursuit, on dribble, on talonne, et il y a ce ravissement de slalomer à travers l'essaim des lignes arrière ou l'ivresse de percer le mur du son, c'est-à-dire le mur des bisons. Non seulement ce jeu est en renouvellement incessant : ni les gestes sculptés ni les architectures improvisées ne s'y ressemblent jamais. Mais encore, loin d'être un jeu de bourriques, comme le racontent les Barbares, c'est un sport hautement intellectuel, imposant autant des règles tactiques que des calculs stratégiques, et exaltant aussi puissamment le génie collectif que le génie individuel. Le rugby est pensé ou n'est pas. Enfin, au plan moral, il exige et enseigne des vertus de ténacité, d'intrépidité, et d'amitié que peu de sports réclament avec une telle intensité. En tout cas, me voilà désolé que Papa Arthur ne partage pas ma ferveur : pour nous empêcher de jouer, il attelle son âne à la charrette, vient aux Crouettes et s'installe au beau milieu du terrain, jusqu'à ce que nous abdiquions.

« Allez donc plutôt danser ! » nous lance-t-il.

Nous n'avons d'ailleurs en la circonstance nul besoin de son conseil. Car, au village, l'on apprend tout gosse à valser, tangoter et pousser la polka, la scottish et la mazurka, qui ne céderont que difficilement la piste aux nouvelles techniques, paso doble, slow et java.

Je ne suis guère doué, sauf pour la valse (j'adore très tôt valser à l'envers). Pour le reste, je mets un pied devant l'autre, en attendant d'apprendre à gigoter comme les Oulofs des bords du Sénégal.

Il est vrai que pour nous, Catalans, il n'y a qu'une vraie danse : la sardane.

Existe-t-il au monde une autre danse qui se pratique aussi religieusement ? On peut en douter.

De toute manière, telle est bien sa plus exacte définition : une ronde mystique. Elle est vouée à la célébration des beaux jours, à plein ciel. C'est pourquoi elle ne doit être dansée ni en hiver, ni la nuit, ni sous un toit. Danse de druides et de druidesses qui vénèrent la nature, et dans du beau temps, son cadre idéal est une pelouse sous cerisiers, pommiers ou abricotiers.

La *cobla* (orchestre catalan), jouant de ses instruments en bois de cerisier, donne une musique nasillarde qui évoque cigales et grenouilles, tantôt sautillante et vive comme nos reinettes, tantôt alanguie et dolente comme la plainte du grillon amoureux.

On contemple alors un spectacle incomparablement païen et pur, précisément parce qu'il ne peut s'exprimer qu'au cœur de la nature heureuse.

Certes, tout danseur peut entrer dans la ronde, qui qu'il soit, jeune ou vieux, homme ou femme, athlète ou malade, riche ou pauvre. La sardane est le symbole de l'entente universelle : *si tous les hommes se donnaient la main*. La ronde ne s'interdit à personne.

Mais ces êtres qui se balancent ou bondissent en se tenant la main et en comptant bien les pas de la cadence déroulent un jeu qui n'est point qu'humain. Tout se passe comme s'ils figuraient des fleurs et des arbres qui seraient devenus mobiles et qui se seraient mis à danser au gré des musiques magiques en s'accordant avec leurs tiges et leurs branches.

C'est une danse de la terre.

Le cœur du monde bat à son unisson.

Aucun sentiment de possession voluptueuse, ni de luxure intellectuelle, ni aucun énervement superficiel ne saurait venir troubler une telle communion : majestueuse comme une cérémonie, strictement réglée comme un ballet, innocente comme la poésie, la sardane, sur l'un comme sur l'autre de ses deux rythmes traditionnels, tantôt joyeuse, tantôt rêveuse, exprime la respiration même d'un univers qui joue à offrir dans une parfaite harmonie ses indicibles splendeurs.

Elle est la joie de vivre au rythme de l'éternité, ou la joie de rêver.

C'est au moins l'un de ces moments rares où l'homme savoure le pouvoir immense et apaisant de respirer comme l'herbe, l'arbre et la montagne.

Pour autant, que l'on ne me prenne surtout pas pour un païen.

Je ne serai pas un catholique modèle, je le confesse. Je n'aurai jamais troublé de questions métaphysiques mes curés. Je ne me serai jamais ni vertigineusement, ni douloureusement, ni même tranquillement interrogé sur les volontés du Créateur ou les commandements de l'Église. Je ne serai jamais un sondeur d'infini. Je serai bon catholique tout de même. Il n'y aura à aucun moment raison de me suspecter d'athéisme ou de paganisme.

Si être païen consiste, comme l'énonce le dictionnaire Larousse, à adorer les faux dieux, c'est-à-dire les fétiches des candides et les totems des superstitieux, je ne le suis assurément pas. Si c'est croire à la nature, aimer respirer de la bonne terre, retrouver délicieusement le rythme des premiers matins, être le frère de l'arbre et de l'animal, je le suis.

Aspirer à pleins poumons de la tramontane, courir à travers des bosquets de pins ou des collines de lavande, ou surprendre de près l'odeur forte d'une troupe de canards sauvages arrivés du ciel, c'est comme retrouver les pleines libertés et les pleines ivresses du premier homme. Alors, oui, je partage la joie païenne.

Au demeurant, le paganisme de la sardane ne peut recevoir lui-même d'autre interprétation : elle répond aux lois les plus douces de l'harmonie la plus profonde ; à l'inverse des danses où le Romain empoigne sa Sabine, elle n'est ni rapt, ni viol, ni domination ; elle n'entend rien troubler, ni heurter, ni précipiter ; elle se garde de toute gesticulation frénétique comme de tout trouble sensuel ; elle est le rythme même d'un univers qui sait donner le temps au temps.

Mais interrompons la ronde.

Voici venu le temps d'aller à l'école.
Ma première école.
Évidemment, l'école primaire de Salses.
Cela se passe le 1er octobre 1925. Vêtu de la classique blouse noire, chaussé de petits sabots noirs, coiffé d'une casquette grise, et sac roux au dos, me voici entrant pour la première fois dans un univers intellectuel.

AU VILLAGE DE MON ENFANCE

C'est un bâtiment vétuste aux murs gris et rongés par l'âge, avec des classes à plafond trop haut d'autant plus difficiles à chauffer que leur poêle lui-même est aussi vétuste que modeste, des chaises sans orgueil, et des tables encore plus humiliées que le peuple. De vieilles cartes géographiques coloriées, qui sentent le moisi, sont accrochées aux murs. Mon premier livre aussi sent le moisi. Tout sent le moisi, ou la fumée. Il n'y a pas lieu à enthousiasme. Seule, la cour de récréation est agréable, avec son préau sans gouttières et les imposants platanes qui l'ombragent.

Mon premier maître est un tout jeune instituteur, qui s'appelle Monsieur Creux. C'est lui qui m'apprend le français. Comme il est lui-même un Catalan cent pour cent, né à Corneilla del Vercol ou à Latour-bas-Elne, il m'en restera un accent indélébile : je parlerai le français comme le catalan, rrroulant un torrrrent de cailloux... Il ne nous interdit pas moins de parler catalan en récréation. Il punit les « catalanismes » avec plus de sévérité encore que les pires barbarismes. Et quand la persuasion ne suffit pas à nous faire avancer dans la connaissance de la langue des conquérants, il nous donne sur les doigts de petits coups d'une longue baguette noire, que les grands ont baptisée Clotilde, évidemment du nom de l'épouse de Clovis, roi des Francs... Mais Monsieur Creux reste dans mon souvenir le maître modèle, le premier de ces extraordinaires instituteurs, serviteurs noirs de la sévérité et promoteurs rigoureux de la conscience, qui m'enseigneront l'essentiel du savoir et que je ne cesserai plus d'admirer. O maîtres irremplaçables! Et quelle admirable chose, l'école laïque, quand elle croit en elle-même et reste fidèle à elle-même ! Ces instituteurs de ces temps-là ne perdent pas une seconde, et vous ne voyez cependant pas le temps passer. Ils savent être, avec justice, aussi stricts qu'indulgents, aussi patients qu'exigeants. Ils donnent par eux-mêmes, dans leur propre vie personnelle et familiale, l'exemple de la rectitude, du scrupule, de l'exactitude et de l'humanité. S'ils sont sévères, ils commencent par l'être pour eux-mêmes. De surcroît, non seulement ils savent être lumineux et simples, vous faisant d'instinct abhorrer les eaux troubles, mais encore ils savent passionner les petits bonshommes qui leur sont confiés : ils s'en font aimer en les aimant ; ils rendent passionnant leur enseignement parce qu'ils l'aiment ; dès lors, plus rien n'est pensum ; tout devient vie, même l'arithmétique, présentée comme un jeu de devinette. Nos maîtres jouent en même temps qu'ils enseignent : de là leur phénoménale efficacité. Et ils connaissent aussi le trésor fragile et infini qui leur est confié avec toutes ces consciences d'enfant. Ils savent combien elle est délicate à manier, cette poussière dont il faudra cimenter des consciences d'homme. Même humblement, ils symbolisent tous un sommet du respect universel. Par exemple, alors qu'ils sont sans doute des libres penseurs, ou des voltairiens, ils arrivent à raconter gravement les miracles de Jeanne d'Arc ou les charités de saint Vincent de Paul. Ils disent : *saint* Vincent de Paul. On ne passe pas en vain entre les mains de tels maîtres. Et *maîtres* est le mot qui convient, dans toute sa splendeur morale.

Ainsi Monsieur Creux m'enseigne-t-il la joie et l'orgueil du savoir.

Il m'apprend aussi autre chose. Il a le don d'illustrer lumineusement les mots historiques : *L'Homme de fer, voilà Charlemagne. – Père, gardez-vous à droite ; Père, gardez-vous à gauche. – L'État, c'est moi. – Tu montreras ma tête au peuple, elle en vaut la peine. – Du haut de ces pyramides...* Par lui, Vercingétorix, Roland à Roncevaux, Bayard, Duguesclin, Gavroche sont encore plus beaux que Tom Mix et Tarzan. Il me communique tout même la passion de l'histoire. C'est de cette graine-là que j'ai poussé historien.

Pas de guerre entre l'instituteur et le curé. Jamais chez nous.

Coexistence pacifique.

Il faut dire aussi que notre curé est à l'opposé d'un don Camillo. C'est le désarmé intégral.

Il s'appelle le chanoine Bobo. Il peut supporter tous les coups avec une incommensurable patience. Nous-mêmes, nous ne lui épargnons pas les épreuves, avec les droits de cruauté et d'injustice que donne l'enfance. Alors qu'il ne supporte pas les odeurs fortes, nous nous présentons tous les jeudis à ses leçons de catéchisme avec d'énormes quignons de pain violemment aillés. Alors qu'il n'y voit pour ainsi dire pas, le plus chahuteur de notre bande, que nous surnommons Judas, s'amuse à lui rafler son lorgnon au hameçon, au bout d'une longue gaule, comme à la pêche au lancer. Alors que rien ne l'épouvante plus que le scandale, nous glissons des crabes dans le bénitier, nous libérons des vols de sauterelles en pleines complies, nous enfermons des grenouilles dans le tabernacle et nous volons un jour les franges dorées des draps de l'autel de saint Jean Baptiste pour nous en faire des coiffures de

Peaux-Rouges. Le chanoine Bobo enregistre les exploits de ces Sioux avec le pardon de l'Éternel. Comment pourrait-il même figurer dans une guerre laïque ?

Loin de guerroyer avec Jules Ferry, il préfère jouer avec lui à la pétanque.

Il joue au trrroukk avec Monsieur Creux.

Il l'invite au presbytère à savourer quelque saucisson d'Arles-sur-Tech, dur comme granit, ou quelque jambon du Capcir, vieux de deux ans. Notre chanoine est sans guerre.

Notre maire aussi. O merveilleux Monsieur Brégoulat!

Il n'a aucun parti pris, sauf celui de ne pas en avoir.

Professionnellement, comme négociant en vin et barricailleur, vendeur de vins en barriques, lui, grand républicain, est même associé en affaires avec M. Louis Cantier, dit Jambe-de-Bois, chef cantonal du parti royaliste.

Politiquement, alors qu'il est socialiste, il est abonné à *La Dépêche du Midi*, qui est la bible du radicalisme. C'est tout dire.

Il récuse la notion même d'ennemi. Il dit : « On peut jouer à la manille avec tout le monde... »

Et l'on comprend que les Salséens, même nos monarchistes, disent : « Monsieur Fernand Brégoulat, s'il était roi, il serait Saint Louis... »

Il est le premier personnage d'importance que je rencontre. Il est le prototype du notable. Il arbore un bon visage rebondi et pâle, équipé d'un lorgnon digne et d'une barbichette blanche, et éclairé d'un cordial regard grave qui ne dédaigne pourtant pas les lueurs de malice. Il s'habille toujours de sombre, avec cravate sobre et lourde chaîne de montre sur le gilet, un corps légèrement bedonnant et voûté qui n'a jamais pratiqué la moindre gymnastique. Il se chausse de bottines à guêtres et ne se rencontre jamais sans chapeau feutre ou canotier. Célibataire endurci, il vit assez comme un moine laïque, servi par une bonne quasiment centenaire et clouée de rhumatismes. Il n'en reste pas moins au goût du jour : c'est lui qui achète la première automobile du village, en 1922, et fait installer le premier poste radio, en 1930, presque dix ans avant nous-mêmes qui n'en aurons un qu'en 1939, acheté à un rescapé espagnol de la déroute républicaine. Il se dit socialiste – nuance : socialiste indépendant – au nom de la République sociale et « parce qu'il ne faut jamais être en retard sur la montre du temps ». En vérité, ce lecteur gourmand d'Anatole France et de Pierre Louÿs, admirateur de toute belle éloquence comme de tout beau style, est essentiellement un libéral, dont l'honneur est d'admettre toutes les philosophies et qui serait républicain modéré s'il votait à Lille. Le jour de mon bac, il me dira même : « A quoi bon lire ce Karl Marx ? Non seulement il est illisible, mais il est dépassé. » Et je suivrai son conseil. Il me dira aussi : « Méfie-toi toujours des gens qui ne se comprennent pas : quelqu'un qui n'est pas clair n'est pas honnête. » Et je suivrai ce conseil aussi. En vérité, j'aurai pris l'habitude de suivre toutes ses recommandations. Il devient rapidement pour moi un second père, dans l'ordre spirituel. C'est lui qui guide mes premières lectures sérieuses. C'est lui qui me révèle le plaisir gratuit de lire. « Pensez-donc, s'exclame mon père extasié, Fernand, il a même fait ses humanités jusqu'en classe de quatrième ! » J'en profite. C'est même Monsieur Fernand Brégoulat qui me fait fumer mon premier opium politique : car, en plus de maire de Salses, il est conseiller général du canton de Rivesaltes ; or, comme il est célibataire et que mon père l'escorte durant toutes ses campagnes électorales, c'est ma mère qui lui prépare ses repas électoraux, à la maison ; j'y vois donc défiler militants et élus, les maires de Calce et d'Espira-de-Agly, ceux de Saint-Hippolyte et de Saint-Laurent-de-la-Salanque, et c'est là, mangeant avec eux le civet et la blanquette, que j'apprends l'art subtil de manœuvrer un radical-socialiste, de rédiger l'affiche décisive, et de s'adjuger la frange toujours rétive des électeurs sans parti. Et c'est lui qui me fait entrer au collège de Perpignan, lequel ne deviendra lycée qu'après la guerre mondiale. Les instituteurs conseillaient à mon père de me faire instituteur, et de préparer l'école normale primaire. « Lui, un primaire ? Il sera un secondaire, comme moi ! » La sentence de Monsieur Brégoulat est définitive. Me voici bon, comme il dit encore, « pour les multiples débouchés que, seul, offre le latin ». Il ajoute pour mon père : « Il faudra un jour me remplacer à la mairie, et c'est Arthur qui me remplacera. » Va pour la grande succession.

Mais ce petit Catalan, comment voit-il la France ?

Jamais en mal. Même si elle confond catalanisme et barbarisme, elle a su se faire aimer. Et même plus encore. C'est étrange, mais c'est ainsi... Les instituteurs ont bien travaillé, les curés aussi... Dans mes premières années, comment dire, la France m'apparaît comme une sorte de sainte à peu près inaccessible. Une cousine de la

Vierge de Lourdes. Une couronne sur des cheveux blonds, des yeux bleus, et un sceptre à la main. Nous, les bons paysans, nous sommes en bas, au mas, dans les dépendances, à fouiller le sol comme de toute éternité. Elle, elle est la princesse du grand château d'au-delà les brumes du Nord. Enfant, je ne la contemple pas autrement : en divinité... Plus tard, par la magie des récits au coin du feu et des mousquetaires de mon grand-père, elle devient la reine du poilu et du grognard, une fée romantique, protégée par tous les successeurs sans peur et sans reproche des Bayard et des Duguesclin, la patronne des héros de Verdun, si impériale que l'on peut se demander pourquoi elle a abandonné aux Américains Tom Mix et Zorro... Enfin, encore plus tard, à force de conversations avec Monsieur Brégoulat, elle devient la patrie des justes, la protectrice des pauvres et la marraine irremplaçable des hommes libres ; j'en arrive à donner le même sens au mot France et au mot République... et même au mot justice ; c'est lui qui m'enseigne le premier, sans livre de classe, les vraies grandeurs profondes de Mirabeau et de Gambetta, encore qu'il ait un faible évident pour Jules Ferry et Monsieur Thiers...

Ce socialiste, admirateur de Monsieur Thiers, « massacreur » de la Commune socialiste ? Oui, oui.

Disons que Monsieur Brégoulat est un socialiste d'ordre. Je précise : socialiste non marxiste.

Quoi qu'il en soit, telle est l'évidence : pour nous, enfants, la France n'aura jamais été une étrangère.

La France n'est pas catalane, bien sûr. Mais comment mieux vous expliquer ?... Entre le Languedoc et la France, je choisis la France... Elle est notre marraine bien-aimée... Nous ne sommes pas charnellement des fils de France, mais, spirituellement, nous sommes ses filleuls très attachés... Nous ne sommes pas des mystiques du lieu. Nous savons trop que les patries, comme les civilisations, sont mortelles... Ainsi n'aimons-nous pas la France pour elle-même, chair de sa chair. Nous l'aimons pour ce qu'elle symbolise et incarne de libertés et de justices dans le gigantesque fleuve de l'aventure humaine... Nous l'aimons parce qu'elle est humaine... et qu'elle est peut-être même la plus humaine des patries... Nous nous sentons bien sur cette péniche... Et c'est d'ailleurs dans un identique sentiment que beaucoup de Catalans se sont découverts patriotes européens... De la même manière qu'avec Bretons, Basques, Picards, Savoyards et Auvergnats, nous avons composé les admirables États-Unis de France, comment ne saurions-nous pas avec Bavarois, Westphaliens, Piémontais, Autrichiens, Flamands et Wallons composer d'aussi admirables États-Unis d'Europe?... Il suffit que ma patrie soit une patrie de l'humanisme pour que je l'aime. Nous ne savons que trop que l'Europe sera humaniste, ou ne sera pas.

Vous allez me faire observer que j'aime l'épique.

Tel est sans doute le destin des provinces conquises et séduites.

Tel est en tout cas mon propre destin. Je me sens catalan à cent pour cent. Mais je serai immensément fier d'être écrivain français, d'entrer dans cette merveille que sont les États-Unis de France. Frère d'espérance des Provençaux, des Lorrains et des Savoyards.

Ne serais-je pas plutôt un imaginatif ?
Peut-être.

Au vrai, cependant, pour bien me connaître, il faut penser aux longues soirées que j'ai passées au coin du feu, à écouter les contes de Marraine Marie... C'est plus important que l'instituteur, le maire et le curé... Il faut savoir qu'à Salses, je suis d'abord formé comme si Gutenberg et Gambetta n'avaient jamais existé... Ma vraie formation de base, je la dois à la légende... La vérité me vient du fond des siècles, transmise par les conteurs et les conteuses... Elle est davantage révélation que démonstration, image que dialectique... Marraine Marie a le charme – au sens fort – des conteurs du temps d'Homère. Elle possède la même formidable mémoire, pour retenir de longs récits entiers, qui tiendraient sur des centaines de pages : elle a d'ailleurs assez de mémoire pour connaître la généalogie de toutes les familles du village depuis Louis XIV. Elle a le même scrupule rigoureux : elle récite à la lettre tout ce qu'elle a appris de sa grand-mère, laquelle avait été aussi fidèle aux contes de sa propre aïeule. Elle lit dans sa mémoire comme sur un papier. C'est pourquoi je crois davantage aux contes qu'aux livres. Je garde de mes longues heures d'enfant au coin du feu je ne sais quelle méfiance pour les catégoriques raisonnements des philosophes ou les orgueilleuses affirmations des mathématiciens. Pour toujours, me voici davantage du côté des lumineux enseignements des esprits simples et enchanteurs, que des plus subtiles démonstrations abstraites des rationalistes.

Un livre peut enchanter autant que grand-mère, me direz-vous.

Non. La communication n'est pas aussi directe, aussi immédiate. Il y entre l'artifice des signes lus. La voix de grand-mère, elle, est la voix d'une éternité... Tandis que la douce voix, chaque jour avec le même enchantement, la même émotion et la même pureté, récite les merveilles du temps jadis comme si elle me les faisait chaque fois découvrir pour la première fois, j'ai toute liberté pour rêver. Dans les flammes et sur les cendres, je vois se dessiner de vrais pourpoints cousus d'or, de vrais joyaux briller, des portraits se composer avec une vérité plus grande que la vie. Et je serai à jamais marqué par ces contes au coin du feu. Je resterai toujours un visionnaire plus qu'un intellectuel, un druide plus qu'un scribe. Je procéderai davantage par images que par déduction. S'il est vrai que les écrivains ou les hommes politiques se partagent entre deux vastes catégories, d'une part les imagiers, les peintres, tels que Malraux, et d'autre part les raisonneurs, les démonstrateurs, tels que Sartre, je serai toujours dans le camp des imagiers. A jamais, je reste plus un homme d'intuition qu'un homme d'ordonnance. Ou, si vous voulez mieux, les instituteurs m'enseignent le métier d'analyser ou de synthétiser, alors que ma grand-mère me lègue le mystère et les vrais secrets des existences...

Les jeux avec les copains du village – René, Armand, Fernand, Pierre, Robert, Albert, Maurice, le fils du Chat, Prosper, le fils de Tue-Chats, Georges, Ficelle, Henri, Auguste, Lucien – ne sont pas moins déterminants dans le même sens. Nous vivons parmi les images les plus enchanteresses. Nous passons jeudis, dimanches et vacances, quand le travail de la vigne ne nous réquisitionne pas, à vagabonder à travers marais et montagnettes. Nous devenons de vrais fils de trappeurs. Là, pour devenir cow-boys, nous avons des garrigues à perte de vue, des blocs de gros rochers irremplaçables et des cavernes de rêve pour les embuscades à Indiens, et des myriades de munitions en cailloux ronds pour nos frondes. Ici, nous piégeons les tanches, ou nous piquons les grenouilles à la foëne dans leurs ruisseaux, si beaux avec leur robe de lentilles vertes. En barque, du côté de la source de Fontdame ou au large de la pointe du Pêcheur, nous crochetons les anguilles, toujours avec la foëne, tandis que le soleil levant allume au-dessus des Corbières violettes, dans un ciel pur comme le premier jour, des gerbes que le plus beau songe n'inventerait pas, avec des verts, des roses, et des orangés si tendres qu'ils doivent être les couleurs des anges. Au crépuscule, nous allons pourchasser les criquets et les papillons, pour nos collections. L'été, nous nous baignons durant des heures dans l'étang, où nous apprenons à nager en barbotant, même si nous devons gagner les secteurs d'eau un peu claire en pataugeant sur deux cents mètres dans la boue, où nous nous enfonçons jusqu'à mi-mollet. L'hiver, quand la tramontane glacée se déchaîne, nous participons avec les hommes et les chiens à d'épiques battues collectives de macreuses et de canards sauvages. Nous nous faisons inviter aux nuits d'affût, avec l'oncle Léon, ou l'oncle Jules, ou un ami surnommé Lo Ragott, ou un surnommé Lo Gratin, lequel a la renommée méritée d'avaler les anguilles gratinées au complet, arête comprise ; nous nous rendons au marais dès que le soir vient ; je m'enveloppe dans une veste en velours de mon père; il m'a aussi prêté de longues bottes que j'enfile sur trois paires de chaussettes; je contemple la lune et les étoiles qui deviennent une sorte de public de cirque prêt à applaudir les dompteurs; l'eau brille comme une plaque de métal; j'écoute délicieusement monter l'invocation des canards appelant dont nous avons ligoté une patte à un pieu; je crois entendre la plainte même du marécage; puis, soudain, les canards rôdeurs, émigrés de Poméranie ou de Prusse, en vol vers les Afriques, ont l'imprudence de répondre à l'appel des prisonniers piégés; ils offrent une cible que ne manquerait pas un borgne; déjà nos chiens se précipitent, Black, Diane, Pompon, Coquin, Magnac... Au printemps, dans la rivière de Rivesaltes, l'Agly, nous capturons en contrebande des paniers de goujons sous les roches. A longueur d'année, nous pouvons jouer dans le château fort, qui n'est pas encore sous la protection de la Direction des monuments historiques, et dont nous avons toute liberté de fouiller chemins de garde, prisons et oubliettes, que hantent des populations de chauves-souris. C'est vivre dans un enchantement perpétuel. Nous nous passons de parchemins. L'image est notre univers. Notre souffle et notre regard sont ceux des premiers hommes, qui étaient loin de savoir qu'il faudrait un jour lire et écrire... Au total, il reste plus de place pour le rêve homérique que pour le raisonnement platonicien. Le jeu de l'enfant soutient le conte de la grand-mère...

J'allais oublier les veillées mortuaires. Le village entier défile dans la maison du mort. En général, comme les chambres se situent au premier étage, les femmes s'y groupent, en hiver les pieds sur des chaufferettes qu'elles apportent. Il faut voir, autour du mort vêtu de son costume du dimanche, ces grappes de femmes en noir, toutes avec leur foulard noir noué sous le menton, qui marmonnent leur prière, chapelet entre les doigts. C'est un autre mystère, tandis que les flammes des bougies animent des ombres fantomatiques sur les murs blêmes. Les hommes, eux, restent « en bas », dans le cellier. De telles veillées durent de longues heures, parfois toute la nuit. Alors, pour passer le temps, on boit du vin doux à la régalade, *am lo porro*, on se passe le saucisson et le fromage gras, on croque des figues sèches et des amandes, et, surtout, on raconte des choses..., des histoires de guerre ou de chasse, des histoires sur des disputes de bornage, entre Tante Léontine et Tante Baptistine, entre la Louise de Botifara et la Trinitat de Mâche-Pïpes, des histoires, prononcées à voix plus basse, sur les miracles des rebouteux : à nouveau, les images défilent, avec un trouble nuage de sorcellerie. Comment vraiment ne pas devenir un imagier?...

Mais la Troisième République appartient aux rationalistes. Il est temps d'aller les retrouver.

A dix ans, le 1er octobre 1930, j'entre au collège de Perpignan. Boursier.

La première impression que j'en ai est une odeur de soupe aux choux, dans le couloir trop sombre qui conduit de la cour d'honneur à la cour de récréation. « Ça sent mauvais », ai-je dit à mon père qui m'accompagne. Je ne sais pas pourquoi : je croyais que le collège serait un palais. Oui, répond mon père, ça sent la caserne, mais puisqu'il faut ça pour devenir quelqu'un... Et va pour le latin, l'allemand et l'odeur de choux!

Pourquoi le latin ? Parce que Monsieur Brégoulat a dit que « des humanités sans latin ne sont pas des humanités » et qu'« Arthur ne sera pas Arthur sans versions latines »... Pourquoi l'allemand ? Parce que Monsieur Brégoulat a dit que « l'allemand sera plus utile que l'anglais pour les temps à venir »... J'en serai quitte, plus tard, pour apprendre l'anglais par mes propres moyens, avec la méthode Assimil...

Quoi qu'il en soit, j'ai bien failli rester au village, à faire le vigneron. Car ma mère était épouvantée à l'idée de me voir ainsi déserter. « Un jour, dit-elle, il ne nous reconnaîtra plus... Un jour, il aura honte de nous... Un jour, nous croirons qu'il sera devenu un monsieur, et il sera devenu un étranger... Quand on a des enfants, on les garde à la maison... Qu'est-ce qu'il va faire, parmi tous ces inconnus, qui s'endimanchent tous les jours ? Et comment voulez-vous qu'un garçon de paysans se défende contre les garçons de la ville ? » Pour la convaincre, il a fallu décider que je ne serais pas pensionnaire. Je ne serai que demi-pensionnaire. Je prendrai mon repas de midi au réfectoire, mais je ferai la navette par le train entre Salses et Perpignan. Tous les soirs, je souperai à la table familiale.

Et me voici donc « au bahut ». Je m'y adapte instantanément. Je n'éprouve pas l'ombre d'une difficulté. La tribu en est elle-même vite heureuse, sauf ma mère, qui continue de rechigner. Lorsque je rapporte à la maison le résultat de ma première compo – troisième sur quarante élèves avec treize sur vingt en composition française – elle est si ahurie qu'elle manque m'accuser d'imposture. Est-ce possible ! s'exclame-t-elle. Lorsque je rapporte à la fin du trimestre le tableau d'honneur et les félicitations du conseil de discipline – qu'est-ce que c'est que ça ? personne à la maison ne savait même que cela existât –, je me rappelle encore son regard pathétique et son exclamation douloureuse : « Seigneur, quel sort nous lui aurons jeté ! »

J'ai de bons copains. Nous resterons des amis à jamais. Aucune jalousie ne nous divise, ni aucune intrigue. A la récré, nous jouons au rugby, ou aux barres. Au réfec, nous parlons surtout rugby – c'est la belle époque des Servolle et des Baillette – mais l'actualité est également riche en sujets pour potaches : exploits de Mermoz ; prouesses de « Costes et Bellonte » ; débuts du cinéma parlant, avec *Sur les toits de Paris* de René Clair ; épopée de nos mousquetaires du tennis, Lacoste, Cochet, Borotra et Brugnon. Aucun de nous ne parle du ministère Tardieu, ou du ministère Chautemps, ou de la crise sociale : c'est le meilleur moyen de ne pas nous disputer. Et nous chantons avec toute la France « Parlez-moi d'amour », de Lucienne Boyer. Et nous avons tous dans notre livre de sciences naturelles une photo de Marlène Dietrich dans *L'Ange bleu*. Les éléments harmoniques écrasent les éléments divisionnaires...

Je fais mon travail sans éprouver de peine, avec d'excellents maîtres. Je suis donc heureux. Et je suis d'autant plus heureux que je n'ai pas perdu Salses.

Le matin, avant d'aller prendre mon train de 7h13, Marraine Marie me sert quatre œufs au plat, ou deux cuisses de confit, ou une large côtelette de porc grillée sur la braise – d'autant plus précautionneuse que je lui fournis des récits cauchemardesques sur les merlans louches, les haricots aigres et les épinards sirupeux qu'il nous faut ingurgiter au réfectoire. Le soir, je retrouve mon coin de feu, qu'elle alimente à mes côtés : j'arrive par le train de 16h33 ; je réserve une heure pour apprendre mes leçons (je les apprends à voix haute, même les sciences naturelles, en marchant de long en large) ; nous soupons à six heures ; aussitôt le souper fini, tout le monde s'en va au lit, pour me laisser en paix dans la cuisine ; j'ai pour bureau une petite table toute racornie et pour siège une chaise paillée ; je me mets tranquillement à mes problèmes d'arithmétique, à mes versions latines et à mes thèmes d'allemand. Marraine Marie seule reste là, pour tenir le feu...

Car je ne dors plus depuis un an chez ma mère. Elle est fatiguée. On me raconte qu'elle a la fièvre de Malte : il y a beaucoup de fièvres de Malte, dues aux quatre troupeaux de chèvres hébergés dans le village même. Pour lui éviter de se lever trop matin, Marraine Marie m'a pris chez elle. Naturellement, je n'en vois pas moins tous les jours ma mère et mon père, qui viennent souper en tribu...

La tribu... toujours la tribu... Et le village... toujours le village... Je garde tout mon environnement. Je ne suis pas déraciné. Et mes dimanches comme mes jeudis ne changent pas. Simplement, les jeux et les travaux varient à mesure que l'âge avance. Dès mes treize ans, aux vendanges, je conduis notre nouveau cheval, Didon, qui est un énorme percheron malgré ce nom de reine (une femme, Didon? m'a dit mon père. Penses-tu! On n'a pas dû tout te dire...), je ne manque aucun soufrage, et j'aide à rentrer le fourrage, avec des suées sensationnelles. Plus tard, en compagnie de mes cousins Edouard et Pierrot, on nous emploie davantage au sulfatage, avec la machine la plus lourde, et, aux vendanges, nous transportons les comportes pleines, avec de longs bâtons qui nous déchirent les mains.

Quant aux jeux, nous avons renoncé à être cow-boys. Ayant eu droit à une bicyclette le jour de ma première communion, une rutilante Peugeot Astra bleue avec guidon plat, je participe entre Salses et Rivesaltes, ou entre Salses et Opoul, sur la côte de la Croix Rouge, à d'imaginaires étapes du Tour de France où nous devenons André Leducq et Antonin Magne, puis Speicher et Archambault. Et, dès nos seize ans, nous allons danser dans les bals des villages voisins : à Fitou et à Rivesaltes, à Bompas et à Pia. Certains villages ont deux bals : le royaliste et le républicain ; pour rien au monde, un fils de royaliste ne ferait danser une républicaine, et inversement ; c'est Montaigu et Capulet ; la moitié du village est fâchée à mort avec l'autre moitié ; la haine se lègue et s'hérite comme une vigne ou une maison. Il en est ainsi à Opoul, Torreilles, Saint-Hippolyte et Saint-Laurent-de-la-Salanque. Autant que faire, dans de tels cas, nous allons au bal républicain, mais, si les filles royalistes sont plus belles et plus accueillantes que nos orthodoxes, nous passons allègrement le Rubicon. D'autant plus fier de moi que Salses ne connaît plus de telles querelles, je raconte un jour l'une de nos aventures « royalistes » à mon père, qui, à ma forte surprise, me donne tort : « Quand on sert un principe, dit-il, on le sert totalement. On ne le sert pas à moitié. » Comme j'insiste, il ajoute même : « Il ne s'agit pas d'interdire les bals royalistes. Il s'agit de ne pas y aller... » Le lendemain, à Opoul, je n'en vais pas moins courtiser une jolie brunette qui, tous les 21 janvier, assiste à la messe anniversaire de la mort de Louis XVI...

J'entre aussi dans l'équipe fanion de Salses de rugby. J'y prends mes premières leçons de guerre. Car tout ne se passe certes pas entre disciples de Fénelon et calmes héros de Bernardin de Saint-Pierre. Notre talonneur, dit Chandelle, s'amuse à lancer en l'air de grosses pierres qu'il fait rebondir sur son crâne pour en éprouver le granit – celui du crâne. Notre troisième ligne, Trilles, dit Lo Chanchou, qui sera plus tard champion de France avec l'Union sportive des Arlequins Perpignannais, la fameuse USAP, boxe à corps perdu sur des sacs de sulfate de cuivre pour se métalliser les poings. Notre demi de mêlée, dit Tripette, se projette sur des tapis de cailloux pointus pour s'endurcir le cuir. Quand nous jouons contre les équipes ennemies de Pollestres ou de Cabestany, il ne reste plus une once d'esprit pur; les granits défient les granits; Chanchou affronte d'autres Chanchou; le métal vibre contre le métal; l'arbitre doit s'enfuir à tire-d'aile; le tout se termine par une bagarre générale, à laquelle participe le public, au nom des mêmes sincérités et des mêmes légitimités qu'Hector et Achille. Je reviens chaque fois à la maison avec un œil noir, le menton violet ou un genou ouvert. « Nous, de notre temps, prononce Papa Arthur, nous avions une autre idée de la civilisation. » Tante Marcelle, avec ses doigts de fée, me soigne. Marraine Marie pleure ou prie. « Nous, de notre temps, dit encore Papa Arthur, si nous faisions la guerre, c'était sans l'aimer... » Le pire est de supporter la teinture d'iode dont nos infirmières douchent nos plaies à vif : le dimanche suivant, nous ne reprenons pas moins allégrement le chemin des arènes sanglantes.

La corrida ?

C'est espagnol. Salses l'ignore... Le rugby suffit à notre accomplissement... Mais si nous revenons de notre match comme un régiment de soldats éclopés, nous savons retrouver pleinement les ivresses de la paix chaque dimanche soir. Nous dansons ; nous réveillonnons ; nous donnons des aubades sous les fenêtres de Gaby, de Lisette ou de Titi, pour qui nous roucoulons en chœur tous les refrains de Tino : « Marinette, reviens encore dans mes bras », ou « O Catarinetta bella, tchi, tchi, écoute, l'amour t'appelle, tchi, tchi... » et nous y vouons quelque audace, car, souvent, au lieu qu'apparaisse à la fenêtre notre Juliette ou notre Ophélia, surgit un père impatienté qui, du geste auguste du semeur, nous balance le contenu de son pot de chambre...

Ou nous allons au cinéma. Aucun film n'est encore interdit aux mineurs. Nous consommons de la star à satiété. *L'Ange bleu* n'est d'ailleurs pas mon premier grand amour. C'est Joan Crawford. Ses longues jambes me laissent rêveur. Je raconte mes émois à Papa Arthur, à qui je confie tous mes secrets. Il hoche gravement la tête. « Peuh ! fait-il, ne te mets pas des sangsues dans le crâne... Tu n'as qu'à penser que des femmes comme ça, ça ne peut pas exister de vrai. Alors, tu n'y penseras plus du tout. » Le problème est que je ne tiens pas du tout à ne plus y penser du tout. Papa Arthur, perplexe, se gratte les cheveux sous sa casquette. « Je ne vois qu'une solution, dit-il, ne va plus au cinéma. » Ce n'est pas moins difficile. Je décide donc de ne plus demander conseil à Papa Arthur pour tous les problèmes de Joan Crawford et de femmes aux longues belles jambes.

Mon ami Armand, lui, a un faible pour Greta Garbo. Moi, je la trouve maigre. Une pulmonaire, ta Greta. Il proteste. Chaque fois, suit un important dialogue.

– Tu n'as pas regardé ses yeux... Ah! Ses yeux!
– Qu'en feras-tu, de ses yeux?
– Et son visage? On dirait une reine...
– Une malade... J'aurais l'impression d'embrasser du nuage.
– Tu n'y connais rien. Cette neige a plus de volcan que ta Joan.
– Ne parie pas.
– Ma parole, une femme ne se juge pas comme une caille?
– Tu manges les os, à table?
– Tu es bien de Salses : matérialiste. Moi, j'aime mieux être avec les romantiques...

Nous pourrions parler de Garbo et de Crawford durant des heures.

Mais notre bande nous appelle, pour participer au réveillon, que nous appelons *lo rassopet*. Chacun y apporte son lot, œufs, pâté, poulet. La Rosalie, propriétaire du café de la Loge, nous fait cuire le nécessaire. Si la provision est insuffisante, nous allons piquer à la foëne quelque jambon exposé à une fenêtre pour prendre l'air; ou je viens subtiliser quelques lapins à ma grand-mère paternelle, qui élève aussi des cochons d'Inde fort dodus, et qui, le lendemain, découvrant le larcin, s'étonne que le chien n'ait pas aboyé. Et nous faisons main basse sur des bouteilles de vin vieux dans la cave du père d'Armand, qui est négociant.

Et à la santé de Greta! Et à la santé de Joan! Et à la santé de toutes les stars de Hollywood! Naturellement, une fois la bouteille vidée, nous la remplissons avec du vinaigre ou de l'eau, avant de la remettre sur son rayon avec son étiquette intacte.

Au collège, suis-je un brillant élève?

C'est beaucoup dire. Plutôt élève solide. Le bûcheur. Je fais sérieusement ce qu'il faut faire.

Un meilleur ami?

Non. Beaucoup d'amis, mais pas d'ami préféré.

Encore ma tribu? L'amitié collective?

Peut-être... Je ne sais pas...

Les maîtres?

Remarquables. En ce temps-là, un collège est vraiment une grande chose...

Un préféré?

Non. Et tous mes copains doivent penser comme moi : tous nos profs sont vraiment à admirer... Lesquels citer? Je ne saurais... Ils sont tous très différents. En math, Monsieur Maris campe le modèle distingué et fin, Aramis prof, souriant gentilhomme en chaire, avec son brun visage de jeune premier, sa moustache mince, ses yeux amusés et ses costumes stricts d'homme de goût; alors que Monsieur Dellac, prof de mathélem, le grognard du bahut, cheveux en panique, moustache en hérisson, hure de sanglier, ramassé et le dos rond, pantalon et veston fripés de célibataire sans gouvernante, éclate en colères de fauve, pousse des rugissements qui font trembler les vitres et nous inculque les théorèmes à coups de vociférations homériques. Monsieur Calveyrach, dit Lo Pounet, le « Petitpetit », car il n'y a pas plus petit, est tout en boules, crâne en boule, visage en boule, nez en boule, yeux en boules qui roulent comme jetons de loto, corps en boule, ventre en boule; quand il marche, il semble rouler; il est une boule de sodium, toujours en mouvement, toujours en éveil, avec ses yeux éblouissants de malice, sa voix claironnante, ses sourires éclatants, ses enthousiasmes jamais découragés; et il a le génie de tout rendre clair et de tout faire aimer à force de lumière; il vous rendrait clair Mallarmé; il vous ferait aimer Boileau, tandis que Monsieur Viel, prof de philo, dit Jules, est l'Homme tranquille; je n'ai jamais vu ni s'assombrir ni s'illuminer son long visage mât à long nez et à longue bouche; il arrive toujours d'un pas paisible, les mains croisées derrière le dos, vêtu d'un costume toujours gris, et lui ne croit pas aux illuminations, il ne se fie pas à notre vivacité, il enfonce patiemment ses clous pour être plus sûr qu'il entrent dans notre bois; il nous explique les épiphénomènes de Mandsley, les anti-intuitionnismes de Stuart Mills et les théodicées de Leibniz avec la patience inaltérable de Socrate. Monsieur Marty, le prof d'hist nat, est tout en sourires; il parviendrait même à faire sourire le squelette qui se dresse dans un coin de la classe et qui, du coup, a été prénommé Félix, l'« Heureux », trop heureux qu'il doit être de se sentir au service d'un maître si bon; alors que Monsieur Marez, prof d'histoire et géo, est tout en exigences, c'est pourquoi on le surnomme Fil-de-Fer; outre que ce citoyen d'Arras, avec son accent pointu, sa bouche pincée, son visage sec, et son corps d'ermite qui jeûne, ne saurait certes être surnommé Citrouille, il fait régner une intraitable discipline; personne ne bronche dans les rangs; on ne nous entend même pas respirer; si dure que soit sa loi de fer, il est cependant sans doute celui qui sait le plus nous passionner, avec le plus de feu, car ce protestant, qui prêche au temple le dimanche, a aussi, qu'il me pardonne, une âme d'apôtre; il sait incendier les visions d'histoire; il nous fait magiquement retrouver le paroxysme de chaque grand homme et l'apothéose de chaque grande période; par-dessus tout, il nous révèle que l'histoire ne consiste pas en abstractions arbitraires, en successions nominales et en cimetières immobiles, mais doit être pensée à chaud, revécue à chaud, dévorée à chaud; elle ne doit pas être débitée, mais ressuscitée...

Monsieur Nigoul, professeur de physique et chimie, surnommé Zac, parce qu'il se prénomme Zacharie – il dit souvent qu'« aucun prénom n'est ridicule » et, pour mieux soutenir la chose, prononce le *u* comme s'il y en avait plusieurs, en une sorte de ululement: ridicuuuuule – est un véhément, nous traitant de palefreniers – son insulte préférée – toutes les fois que nous faisons des dégâts avec l'acide chlorhydrique ou que nous paraissons trop douter des délices de la Machine de Gramme; large visage glabre qui s'empourpre au moindre emportement, solide corps trapu de vieux chasseur de sanglier, voix trompettante d'un poursuiveur d'isards, il semble miser sur les éloquences tonitruantes, Démosthène et Danton, pour mieux nous inculquer les principes d'Archimède et les théorèmes de Lavoisier, alors que Monsieur Daïdé, prof des lettres de quatrième, n'élève jamais la voix et ne lance jamais la moindre insulte; par contre, il manie en virtuose une baguette de bambou pour frapper sur les malheureux doigts qui ont mal pianoté avec la cinquième déclinaison ou ont mal interprété la

concordance des temps. A défaut de baguette, c'est une gifle qui s'abat, à assommer un veau. « Et si votre père vient se plaindre, il en aura autant... »
Il faut savoir qu'il faudrait au moins un bison de l'équipe de France de rugby pour oser affronter cet athlétique gaillard, grand blessé de guerre, trépané, président de l'Amicale des blessés à la tête, yeux passionnés de combattant perpétuel, face carrée, teint d'alpiniste, menton d'acier, allure de char d'assaut, qui doit ignorer totalement la peur. Du coup, nous ne tardons guère à connaître nos déclinaisons sur le bout des doigts – c'est le cas de le dire – et à jongler comme des as avec les accords du participe passé. Ainsi ai-je en tout cas le mieux appris ma syntaxe, mon grec et mon latin : par la manière forte. Je me suis aligné au commandement. Je n'en garde pas moins une gratitude illimitée pour le maître qui se bat dans son métier comme il se battait dans la tranchée. Car tel est le cas : contre les solécismes et les faux accusatifs, Monsieur Daïdé monte à la baïonnette.

Professeur moi-même, aurais-je ainsi manié la baguette et la gifle ?

Je ne sais pas... Et même je ne crois pas... Mais je puis vous assurer que le résultat est efficace... Monsieur Daïdé n'est pas un sadique, mais un homme d'action... Il atteint son but... Quoi qu'il en soit, si différents sont-ils, je dois beaucoup à mes maîtres de bahut... Nous n'en avons qu'un seul qui commande quelques réserves : notre prof de lettres de cinquième. C'est un personnage énorme, gargantuesque, avec une énorme tête louis-philipparde. Il dévore en classe des kilos d'oranges et de bananes. Il serait sans doute un bon pédagogue, sobre et précis. Il sait expliquer

César et Cicéron. Mais il fait beaucoup de politique. Il est secrétaire fédéral du parti socialiste et conseiller général de Saint-Paul-de-Fonouillet. Il sera même un jour sénateur. Alors, il ouvre et lit en classe l'abondant courrier de ses électeurs. Pour mieux s'en donner le temps, il fait plancher à sa place l'un des meilleurs élèves. Il y a mieux pour expliquer la campagne des Gaules ou les pots-de-vin de Catalina. Résultat : nous passons nos cours à lire sous nos pupitres *Les Aventures de Bicot* ou *Les Aventures des Pieds-Nickelés*.

Mais c'est le seul distrait. Tous les autres sont des passionnés et des passionnants. Je ne voudrais en oublier aucun, ni Monsieur Masson, notre prof de sixième, ni Monsieur Llapassat, notre prof de troisième, ni Monsieur Voulland, notre paisible prof d'allemand, ni le bon Monsieur Desgouilles, le prof d'histoire, premier à nous parler de Nabuchodonosor. Et nous aurons même eu au passage comme prof de math le magnifique Monsieur Buffet, mais oui, l'« aspirant Buffet » en personne, le héros du fort de Vaux qui, lors du siège de la place par les Allemands, traversa sous les tirs les lignes ennemies pour communiquer à l'état-major français tous les renseignements nécessaires, puis retraversa les lignes ennemies, au risque de mille morts, pour transmettre les consignes de notre haut commandement aux défenseurs du fort...

Au total, je suis heureux, même s'il faut ingurgiter au réfec trop de légumes suspects...

...Et il y a le 13 juillet, le jour de la distribution des prix. Je m'y rends avec Marraine Marie, qui a mis un foulard neuf et a merveilleusement repassé sa longue robe noire du dimanche. Bras dessus, bras dessous, nous avons pris l'autobus. La cérémonie est pour le matin. Elle écoute avec extase les longues phrases solennelles du professeur chargé du discours de circonstance. « C'est presque plus beau que la messe », me souffle-t-elle. Au vrai, mains croisées, visage recueilli, elle se tient comme à la prière. Et elle pleure lorsqu'elle entend citer mes prix et accessits. Elle ne songe même pas à essuyer ses larmes, qui roulent comme des perles de fierté sur le visage le plus bouleversant du monde. Ensuite, elle enfouit mes livres de prix dans son panier à provisions – où elle les aligne et empile avec le même soin que ses draps dans son armoire à glace – et, toujours bras dessus, bras dessous, nous allons déjeuner sur un banc de la promenade des Platanes – saucisse sèche avec pain de campagne, omelette froide et tourteau à l'anis – avant d'aller voir un film au cinéma du Nouveau-Théâtre. Nous rentrons le soir, heureux comme des amoureux, sans oublier de rapporter à la maison une boîte de beignets à l'huile ou même un somptueux saint-honoré, pour mieux fêter en famille cette joie inégalable que donne une victoire inespérée...

Salses reste cependant le centre de mon univers.
Sauf que le destin n'y réserve pas que de gaies chansons. Nous perdons Lo Granett et La Mara. Ils se sont éteints comme la flamme de la bougie, dit Marraine Marie. Ils s'en vont en effet tout doucement, sans bruit, comme en s'excusant... Puis, la santé de ma mère s'aggrave. L'on continue de raconter qu'elle souffre d'« une mauvaise fièvre de Malte ». En vérité, c'est un cancer. Un cancer au foie. Il va la tuer. Elle s'alite chez Marraine Marie

pour deux années de martyre. Elle n'exhale pourtant pas la moindre plainte en ma présence ou celle de ma petite sœur. Il y a du Romain et du Wisigoth chez nos paysannes les plus fragiles. Un soir que j'arrive du bahut, Dieu merci avec l'une de mes plus belles notes, je lui trouve la voix plus haletante et un regard dont la fixité me glace. « C'est bien, parvient-elle à prononcer, mais un bon cœur, c'est toujours mieux qu'une bonne note. » Son dernier mot. Elle n'arrive sans doute pas à répéter l'une de ses phrases familières : « L'orgueil est une affaire inutile. » Elle meurt dans la nuit. J'ai quinze ans. Ma sœur en a six...

La tribu ne s'en resserra que plus étroitement encore. Par chance pour moi-même comme pour ma sœur, Tante Marcelle n'est pas mariée. Elle ne se mariera jamais. Elle devient notre seconde maman. Elle le restera toujours, jusqu'à ce qu'à son tour, mais tard, en 1970, le cancer la tue, elle aussi...

Et il nous reste Marraine Marie, pour parfaire la tendresse. Alors, je ne garde du coup qu'un violent sentiment d'injustice. Le monde est mal fait; Dieu est coupable; les hommes seuls, même les pires, ont de l'humanité; lui, non; il n'y a que les hommes pour sauver des hommes : je brasse tout cela confusément dans ma tête d'enfant. Il se peut que la part de révolté qui est en moi vienne surtout de ce moment-là... jusqu'à des années où j'apprendrai à avoir plus de philosophie.

Je termine cependant mes études comme je les ai commencées : solidement. Je passe tranquillement mes bacs, sans mention brillante. Il en sera ainsi de la plupart de mes examens. Il y a en moi plus de terre que de soleil.

Essentiellement, que m'apporte le « bahut » de Perpignan ?

Une autre peur. Au village, j'ai poussé dans la peur superstitieuse des forces inconnues de la nature et des malédictions du destin. Une chiquenaude suffit pour casser la vie d'un oiseau. Même si le paysan, au fond de l'hiver, sait mieux que n'importe qui que le printemps rappellera les fleurs, et même si la condition paysanne engage plus de certitudes que d'espérances, le paysan en est toujours à regarder au ciel s'il n'y a pas trop de nuages noirs. Au collège, je découvre la peur des complications. J'ai mis le pied dans une forêt épaisse. Voyez-vous, il n'existe qu'une définition du génie : le génie est un simplificateur ; il consiste à éliminer le fatras pour découvrir la petite lumière simple qui éclaire tout. Et le village est un simplificateur. Or, voici qu'au nom de la souveraineté de l'intelligence, on voudrait nous imposer la dictature de l'intelligence. Tous nos maîtres, si excellents soient-ils, servent l'impérialisme de l'esprit. D'une part, c'est trop légèrement nier ou dessécher les puissances instinctives, qui sont souvent moins viles et toujours plus allègres que les voracités de la raison pure. D'autre part, c'est tout compliquer, tout nuancer, tout nouer, tout troubler à loisir, c'est tout classer et tout hiérarchiser. J'entre dans le vain univers de la hiérarchie. J'ai ainsi la peur confuse que ma spontanéité ne s'émousse. Je n'ai jamais aimé, je n'aimerai jamais l'abstrait. C'est comme si je découvrais la peur des mondes glacés. Mais, plus encore, j'ai conscience d'avoir été attiré dans l'univers de l'artifice, où l'intelligence elle-même n'est souvent qu'un fard, une grimace ou un alibi. L'on y avance comme sur un terrain miné. Les traquenards y pullulent. L'on est condamné au soupçon perpétuel, et dès lors à la ruse perpétuelle. C'est ce que devait ressentir confusément ma pauvre mère : elle tremblait de me voir perdre notre simplicité...

La politique? Je l'ignore, sauf quand Monsieur Brégoulat est candidat.

...Un seul de mes amis s'y engage à fond. Adepte fervent du colonel de la Rocque et du Parti social français, il essaie de me convaincre que l'avenir est à droite et que la force d'une nation est plus décisive que la qualité de ses messages. Je l'écoute d'une oreille distraite. Il n'insiste pas... Tante Thérésine, une sœur de Papa Arthur, qui vit dans un village voisin de l'Aude, Les Caves-de-Treilles, et qui, ardente suffragette, milite activement pour Albert Sarraut, l'un des papes du radicalisme, sénateur de Carcassonne, ne réussit pas davantage à me convaincre qu'Edouard Herriot porte l'avenir de l'humanité... Vaguement, je reste petit socialiste, socialiste sans couteau entre les dents, comme mon père, comme Monsieur Brégoulat, socialiste par environnement, socialiste par tribalisme... Je me contente de chanter *L'Internationale* avec *La Marseillaise* aux cérémonies républicaines du 14 juillet. Je ne milite pas du tout... Je ne m'engage pas...

Il est vrai que j'ai assez à faire, ici avec mes versions latines et mes thèmes grecs, là avec mes tangos et mon rugby. Humanités et village prêtent à vivre dans un ordre second. Mon âge aussi. A peine si je lis, de temps en temps, *L'Indépendant de Perpignan*... Tante Thérésine, toute à ses croisades radicales, a beau essayer de me passionner pour les éditoriaux et les chroniques de *La Dépêche du Midi*, où se retrouvent les signatures radicales le plus illustres de France. Et Monsieur Brégoulat a beau me glisser, l'air détaché, quelque exemplaire du *Cri socialiste* de Perpignan, la politique me laisse froid... Comme mes copains, je sais à peine que Daladier, Thorez, Blum, Cachin existent. Nos dieux sont sportifs : le rugbyman Max Rousié, le cycliste René Vietto, le goal Alex Thépot, le boxeur Marcel Thil, l'aviateur Georges Détroyat... Ou bien ils brillent au ciel du cinéma : Raimu, Gabin, Fresnay, Douglas Fairbanks... Notre grande affaire, c'est Pépé le Moko.

Si Joan Crawford continue de m'ensorceler ?

Oui, excepté que je me suis mis moi aussi à aimer les Greta Garbo.

Ai-je tout de même une préférence ?

Non. A quatorze ans, je suis fou de Joan Crawford. A seize, je les aime toutes.

Et je n'éprouve vraiment pas d'émotion politique, pas la moindre annonce d'une révolution au plus profond de moi-même ? Tel quel.

Je conçois qu'une telle indifférence puisse étonner. En vérité, lorsque je suis concentré sur un but, il est difficile de m'en distraire. Je prépare le bac ? Je prépare le bac. Les filles sont belles ? Les filles sont belles. Je vis un peu dans mon univers comme si les autres univers n'existaient pas : la grenouille des marais ignore qu'il existe des pierrailles au monde des Corbières. Je n'en suis pas coupable, car si j'ai vécu mon enfance dans un univers profond, un univers du cœur, j'ai tout de même vécu dans un univers fermé, bloqué entre des murs très hauts : imaginez donc que je ne dépasse les limites des Pyrénées-Orientales qu'à l'âge de seize ans, le jour où je dois me rendre à Montpellier pour passer l'oral du premier bac. Je me suis enraciné profondément dans une âme, mais mes horizons sont restés des remparts. J'ai appris à percevoir la respiration de mon marécage, de mon étang et de ma montagne, mais personne n'a même eu l'idée de m'inviter en Espagne ou à une promenade en mer. Comment serais-je tenté par des hypothèses échevelées sur l'avenir social ? Les contes de Marraine Marie eux-mêmes ne m'ont réchauffé qu'aux splendeurs du passé. Tous les bruits qui me parviennent d'au-delà de nos remparts sont infiniment assourdis... Plus tard, quand d'autres maîtres m'auront appris à penser, j'aimerai tout au contraire scruter l'avenir, et laisser libre cours au jeu de l'imagination. Ici, tout se passe comme si je devais toujours avoir cette existence sans vertiges, entre ce bahut sans orgueil et ce village sans fous... Même Hitler m'est loin, très loin...

Je me rappelle d'ailleurs très exactement la première fois où j'entends prononcer son nom. C'est un matin de 1932, en gare de Salses. Je viens de monter dans le train pour Perpignan. Dans le compartiment, trois cheminots sont penchés sur un journal. Sur toute la largeur de la première page, il donne le résultat des élections présidentielles en Allemagne. Le maréchal Hindenburg l'emporte. Lui, je le reconnais : il ressemble à notre Joffre. Par contre, le journal publie avec les mêmes dimensions une photo curieuse d'un homme en civil, avec une mèche sur le front, un gros nez et une moustache à la Charlot. Il est assez ridicule, mais les cheminots en parlent avec une étrange superstition, comme si ce clown était le diable. Je demande : qui est-ce ? Hitler, me répond le cheminot. Celui qui a été battu par Hindenburg, précise un autre cheminot, un drôle de type, avec de drôles d'idées... C'est ainsi que j'entends parler pour la première fois de l'homme qui nous cassera la baraque... Cinq minutes plus tard, les cheminots parlent du Sporting Club narbonnais, qui a un fameux seconde ligne, un nommé Choy, l'« égal des Gallois »... Et moi, je me replonge dans mon Virgile ou dans les plissements du pliocène...

Et toujours même détachement du point de vue religieux.

Je ne suis pas porté à l'angoisse métaphysique. Je me contente de peu. A dix ans, je fais sagement ma première communion solennelle, chapelet au poignet – un beau chapelet ramené d'un pèlerinage à Lourdes par Tante Thérésine...

Pour une radicale-socialiste, c'est un exploit...

Les radicaux savent s'adapter. Mais passons ! Donc, brassard blanc le long de mon bras gauche ; arborant ma première cravate, je n'éprouve pas d'émotion bouleversante. Plus tard, nos femmes me font régulièrement assister aux principaux offices et je me plie à la loi. Dès que je puis manquer les vêpres, pour aller rôder dans les marais, je ne laisse cependant point passer l'occasion. Le chanoine Bobo m'a dit : « Dieu n'aime pas fatiguer. » Disons que le bon Dieu ne m'épuise pas à son service.

Rien ne me hante donc.

Je ne serai jamais un hanté, ni un obsédé, ni un possédé. J'ai de la santé... D'ailleurs, par nature, quelles que soient les épreuves, je vivrai toujours sans angoisse, en équilibre. Et, en toutes circonstances, je dors bien, royalement, magistralement. Tout mon être ignore l'abîme.

Et pourquoi je ne suis pas catalaniste séparatiste ?

Au vrai, les Catalans de France ont trouvé avec l'esprit français une harmonie, qui ne s'est jamais rencontrée entre les Catalans d'Espagne et l'âme espagnole. C'est un problème d'optimisme. Les Catalans sont foncièrement des optimistes, comme les Grecs et les Italiens, croyant dans la bonté de l'homme et la joie de vivre, préparés à tous les bonheurs et à toutes les gourmandises par une terre riche et un climat harmonieux qui repoussent d'eux-mêmes les défis de la fatalité : ils se sont donc trouvés en cousinage, rapidement, avec les heureuses populations de l'Ile-de-France, de la Brie et des bords de Loire. Par contre, les Espagnols, qu'ils soient de Murcie ou de Séville, de Grenade ou de Madrid, sont des pessimistes, des pathétiques solennels, avec le plus haut sens du sacrifice salvateur ou expiatoire. Peu portés à la chansonnette gaie ou au rire libérateur, ils ne délivrent, quand ils chantent, qu'une longue plainte gutturale qui déchire la gorge. Quand ils prient, ils préfèrent l'acte de contrition à l'acte d'espérance. Ils universalisent volontiers sur tous leurs actes et attitudes la sombre gravité du matador. Ils ne revêtent l'habit de lumière que pour mieux contempler et illustrer les défis forcenés. Ainsi ont-ils pu inventer les deux personnages les plus atroces de l'aventure humaine, aussi incapables l'un que l'autre de réaliser la plénitude de leur être, don Quichotte, impuissant de la politique, qui, après avoir cherché en vain les vrais galops et les vrais combats, se brise contre les ombres, et don Juan, impuissant de l'amour, qui cherche désespérément l'inaccessible amour...

Les Espagnols sont des pessimistes. Les Catalans sont des optimistes. Voilà pourquoi l'on trouve au-delà des Pyrénées des Catalans séparatistes que vous ne trouvez pas en deçà...

Il faut bien connaître l'opposition fondamentale entre Casanova, chasseur de plaisirs, et don Juan, chasseur d'un rêve. Casanova est un jouisseur; don Juan, un impuissant. Casanova multiplie ses conquêtes dans l'allégresse; don Juan est un perpétuel insatisfait. Casanova ensorcelle, émerveille et épuise toutes ses maîtresses, avec le raffinement du gourmet, mille prouesses d'une imagination inépuisable et toute la puissance de la vie; don Juan, comme un obsédé, quête l'amour impossible, parce qu'il ne fera jamais l'amour. C'est toute l'opposition irréductible entre l'univers des gourmands et l'univers des prieurs.

Est-ce que, pour autant, j'aime l'Espagne?

Beaucoup. Le peuple espagnol est même sans doute le plus absolu de tous les peuples. Il s'exprime dans la haute tension permanente. Il n'est jamais médiocre. Et il n'est jamais satisfait de lui-même. C'est pourquoi, pour lui, aimer est être jaloux, régner est être intolérant. C'est pourquoi aussi son plus pur hommage à Dieu est l'Inquisition. Il a dû survivre sur de vastes plateaux eux-mêmes désespérés, plus ingrats encore que des déserts, balayés par des vents qui étouffent tout. Dans le Sud, pour dormir, il n'a même pu trouver quelque refuge que dans des cavernes, qu'il a fallu trouer dans le roc. Le peuple espagnol est un peuple qui se nourrit d'épines. Sa fatalité lui communique sa splendeur. Il est beau, fier comme un moine squelettique de Zurbaran, sombre comme les orages qu'il traverse, debout contre les ennemis imaginaires qu'il invente aussitôt qu'il a vaincu ses vrais ennemis – mais sa fatalité même lui rend très difficile de s'accommoder de ses voisins, ou de ses frères. Catalans et Basques ont ainsi peu supporté l'angoisse permanente du peuple triste. Il n'y a pas d'autre explication profonde.

Par contre, les gens de Blois et d'Amboise – savez-vous que Louis XI lui-même était un gai luron ? – qui ont animé, de tout leur sourire, de tout leur parler chantant et de tout leur génie de la nuance, l'aventure française, ont su splendidement s'associer leurs propres Catalans. C'est que la France est politique, et l'Espagne mystique. L'Espagne offre l'ivresse de l'expiation, la France le plaisir exquis d'exister exquisément. Le don Quichotte français est Perceval, un preux gai, qui poursuit certes lui aussi la quête impossible du rêve inaccessible, mais n'oublie pas, au passage, de rendre un enthousiaste honneur aux plus juteuses nourritures terrestres, de s'attarder merveilleusement à une bonne table ou de caresser délicieusement une gente pucelle. La France n'a jamais commis l'erreur de paraître se faire servir pour elle-même. Au moins sur la scène, elle a toujours essayé de confondre sa propre cause avec les plus exaltantes causes universelles. Souvent, comme en 1789, en 1830, en 1848, en 1871, en 1914, elle a su nous appeler au-delà de son propre destin. Quand elle cessait d'être épique, elle savait nous séduire, avec des philtres subtils. Au contraire, la grandeur de l'Espagne est de ne pas savoir transiger : elle est dans l'intransigeance. Or, je suis sûr que si, un jour, les États-Unis d'Europe se bâtissent et si, les Catalans, nous en faisons partie dans le cadre d'une unité catalane, les Catalans souhaiteront d'abord à l'Europe cette intelligence de la France pour les harmonies nécessaires...

Mais nous sommes loin de là...

Retrouvons plutôt mes annales personnelles et mes propres souvenirs.

Nous voici en juillet 1937.

L'Univers va basculer dans un autre univers, et personne ne l'aperçoit. Les deux géants soviétique et hitlérien s'affrontent sur la colline de Chaillot, dans cette exposition inachevée des Arts et Techniques inaugurée au milieu des plâtras par un Monsieur Lebrun larmoyant, et personne ne semble entendre le bruit des armes. Le second cabinet Blum vient de tomber; il est remplacé par un nouveau cabinet Chautemps, et cela ne mérite qu'un haussement d'épaules. Le maréchal Toukhatchevski vient d'être fusillé, et je ne le sais pas. Je sais davantage que le duc de Windsor a épousé Mrs. Simpson au château de Candé. Je n'ai pas encore lu *L'Espoir* de Malraux. Mon ciel, c'est Trenet, Scotto, Jep Desclaux, Roger Lapébie, Michèle Morgan, *Drôle de drame*, de Carné. Et je viens de passer mon second bac. Telle est ma réalité des réalités.

Monsieur Joal, le principal du collège, me fait appeler avec mon père. Il lui dit : « Votre fils doit préparer l'école normale supérieure. » Je vois encore la tête de mon père qui, comme moi-même, ignorait jusqu'à l'existence d'une telle école. Nous avons entendu parler de Polytechnique, de Saint-Cyr, même de Navale, mais jamais de celle-là. De surcroît, je sens que le nom n'est même pas sympathique à mon père. Ce « normale supérieure » a son inconvenance. Mais mon père est un homme abrupt, qui ne s'encombre pas de complexes. « Je ne sais pas ce que c'est... », répond-il. Vingt minutes plus tard, nous sommes informés. Trois mois plus tard, j'effectue ma rentrée en première supérieure de Montpellier, la classe préparatoire à l'école dont le nom est si peu sympathique...

Pour autant, je n'abandonne pas Salses; et Salses ne m'abandonne pas.

J'y vais passer mes vacances. Je garde Salses durant quatre bons mois de l'année. Et, durant les autres mois, Salses vient à moi à Montpellier par de longues lettres de Tante Marcelle, qui me raconte par le menu la vie du village, et par de gros colis de Marraine Marie qui me comble de pâtés, de saucisses et de saucissons, de peur que je ne sache pas m'habituer à la cuisine du Nord...

Mais il y a tout de même là, pour la première fois, une déchirure. A trente-cinq ans de distance, je n'ose encore pas l'approfondir...

Comme titulaire d'une bourse et d'un prêt d'honneur, je suis pensionnaire au grand lycée. Le petit lycée groupe les classes du secondaire. Le grand prépare aux grandes écoles.

C'est une sorte de couvent, morne et gris. On y accède par un court raidillon, au sommet de la promenade des Platanes. Son seul charme est d'être bâti en plein centre de la ville, et adossé au musée Fabre, dont l'un des employés, qui est catalan, m'initie aux plaisirs de la peinture contemplée : c'est avec le fameux *Bonjour, monsieur Courbet!*, et aussi *L'Homme au ruban noir* de Sébastien Broudon, que j'entre pour la première fois dans le monde enchanté des peintres. Et cette première rencontre me laisse sans doute à jamais

une préférence instinctive pour les peintures évidentes. Je n'aimerai jamais, comme je l'ai sans doute déjà dit, ni le compliqué ni le rococo. Mon ami, le génial Kijno, ne me révélera que bien plus tard les beautés de l'abstrait.
Simplificateur éternel ? Oui.
Et abrupt. Je reste un simple. J'aime tout ce qui est simple. Je récuse le sadisme qui consiste à torturer l'esprit ou droguer le regard sous l'hypocrite prétexte de mieux faire aimer. La peinture complexe est une peinture sadique. Il peut m'arriver, encore d'instinct, d'intuition, de me trouver saisi de quelque émotion devant un Klee ou un Kandinsky. Tant pis si je dois passer pour un barbare : le plus souvent, devant une peinture indiscernable, je reste glacé. Peu importe si je fais rugir : *L'Enfant au paysage*, avec ses arbres en arêtes de poisson, ses cubes étripés, ses toits en chapeaux de clowns et ses couleurs de vomissure, ne provoque en moi que répulsion ; c'est trop laid ; Klee l'a peint comme s'il nous le vomissait en pleine gueule...
Picasso ?
Picasso est grand, mais a dû souvent nous prendre tous pour des cocus... Vous me direz que j'arrive à Montpellier sans culture artistique ni musicale. Je ne sais pas qui est Renoir, ou Manet. Je ne sais pas qui est Mozart. Je connais par cœur la liste de nos présidents de la République, les moindres secrets de Hugo et les plus menues émotions de Lucrèce ou de Virgile, mais on m'a appris l'histoire des peuples et l'histoire des littératures, sans m'enseigner en même temps l'histoire des arts et l'histoire de la musique. On passe cinquante heures avec Lamartine et trente secondes

avec Delacroix. Tout se joue comme si un Rembrandt ou un Beethoven n'avaient pas compté dans une civilisation dont nous affectons d'être si fiers. Les lycées enseignent aussi mal l'histoire des pensées que les langues vivantes... Vrai! Je puis alors réciter par cœur en allemand des pages de *Faust* ou de *Guillaume Tell*, et je ne saurais pas demander à Cologne un café-crème. De même, comment comprendre les romantiques sans Géricault, Wagner et Rodin?... Les maîtres admirables n'y peuvent rien; eux ont sauvé l'esprit et la dignité : pour tout le reste, l'enseignement secondaire s'est tragiquement sclérosé... Mais, à défaut de culture, j'ai gardé ma spontanéité de primitif et de gosse des bois. J'ai gardé aussi toute ma rudesse paysanne. Quand je vois mon premier Renoir, je dis : c'est beau. Quand je vois mon premier Gauguin, je dis : c'est beau. Quand je vois quelque chose que je ne comprends pas, je dis : c'est du chinois. Quand je vois quelque chose de laid, d'odieux ou de sale, je dis : c'est dégueulasse. Je reste assez maître de moi pour dire ce que je pense.

Montpellier peut-il me donner la culture qui me manque?

Une bonne part... Mais j'arrive à peine. Je viens tout juste de quitter mon père, qui m'a encore accompagné jusqu'ici, de peur que je ne me perde. Et il me faut d'abord franchir les épreuves du bizutage.

On sait que les étudiants français sont les plus fétichistes du monde. Je dois donc commencer par m'initier au langage et aux mœurs de cette nouvelle tribu.

La classe de première supérieure, ainsi, est la

« khâgne ». Nous sommes donc les khâgneux et les khâgneuses – car il s'agit d'une classe mixte. Certaines de ces khâgneuses sont même charmantes, et dotées de belles longues jambes. Et je dois les lorgner dès le premier jour d'une manière trop manifeste. Car, aussitôt, un ancien me souffle : « Rappelle-toi toujours le conseil de Briand : ne jamais baiser dans son diocèse... »

La classe de mathématiques supérieures, qui prépare à Polytechnique, est la taupe, et les futurs polytechniciens sont des taupins. Les futurs cyrards sont en corniche. Les aspirants à Navale sont en flotte. Les candidats à l'Institut national agronomique sont des agros. Les préposés à l'École nationale d'agriculture sont des agris.

Les taupins et les cornichards célèbrent leur fête pour la Sainte-Barbe, jour d'Austerlitz ; les khâgneux pour la Sainte-Olympe.

Les élèves de première année sont des bizuths ; en deuxième année, ils deviennent des carrés ; en troisième année, des cubes ; en quatrième année, des puissances quatre. Chaque classe délègue un ancien avec puissance d'empereur, le Z, qui a seul le droit de discuter avec les autorités officielles, proviseur, censeur et professeurs. Chaque bizuth, « esclave exécrable et puant », « pire qu'un intouchable des Indes lubriques », et « corvéable à merci », est chargé d'une mission précise : s'il ne la remplit pas convenablement, il est puni, passé au cirage noir jusque dans ses intimités ou condamné à mesurer le tour de la cour avec des allumettes. Il y a le bizuth-courrier, qui prend les lettres chez le concierge ; le bizuth-serviette, qui distribue les serviettes au réfectoire ; le bizuth-cancre, qui tient l'emploi du temps de chaque semaine. Je suis consacré bizuth-chiffon : comme les anciens ne sauraient se salir les mains, c'est moi qui chaque fois, après chaque cours, efface le tableau.

Pour la taupe, la corniche et la flotte, les épreuves de bizutage peuvent être dures. Certains bizuths ne les supportent pas et quittent le lycée.

Pour la khâgne, le bizutage tient heureusement davantage du canular que de la persécution. Essentiellement, il faut passer un écrit et un oral.

L'écrit se compose de deux épreuves : histoire et français. En histoire, on nous demande de raconter, sous forme d'épopée de quatre pages en vers alexandrins tordus, la prise de la ville chinoise d'O-Cu par le général arabe O. Fez (prononcez toutes les lettres). En épreuve de français, il faut cogiter sur l'une des questions nationales les plus dramatiques : « Quel est le plus con : Hernani ou Ruy Blas ? Dites-nous votre sentiment à la manière érotique et nauséabonde de Céline et de Delly... »

Quant à l'oral, je le passe au dortoir en tenue d'Adam. On ne m'a fait garder que ma cravate, ma ceinture et mes fixe-chaussettes. Je me fige dans la position du garde-à-vous littéraire : yeux écarquillés, mains largement ouvertes en forme de palmes, les deux pieds joints par les orteils. Il faut que je réponde à une question d'organisation intérieure : l'une de nos khâgneuses anciennes, vénérable entre toutes, adjointe à notre Z bien-aimé, est chargée d'une fonction sacerdotale fondamentale; elle est PDM. O bizuth crasseux et nauséabond, qu'est-ce que la PDM ? Je me sens infiniment crasseux. Je ne saurais imaginer la chose. J'écarquille encore davantage mes yeux... « Nous allons t'aider, bizuth infâme... Il s'agit d'initiales, de nobles initiales... » Je reste de crasse. Je ne vois pas... « Voyons, bizuth crétinissimus, c'est pourtant facile... P, d'abord... » Mes pauvres vieux, suis-je en train de me dire, si mes bonnes gens de Salses nous voyaient!... Il est si immense, le prestige des intellectuels : « Allons, allons, bizuth bizuthissime... Un peu de finesse... P... P... » Je reste obtus. « P... Voyons... Nous allons t'aider... P... P... comme... mais voyons... comme Pleine! » Évidemment... Mais je sais aussi que je puis être passé au cirage de pied en cap. Ou alors, dans le style du Chanchou, il faudra démolir quelque nez... « Un dernier effort, bizuth... P... comme Pleine... D... comme de... donc, notre vénérable et vénérée PDM, est la Pleine... de... M... M... Mmm... » Comment penser à autre chose? J'ai beau être crasseux : l'incomparable esprit estudiantin a dû pousser le génie jusque-là... « M... Mm... Mm... » murmure le chœur des Anciens... « Alors, bizuth bizuthantissime, tu nous la donnes, cette réponse? » Je lâche tout... Le mot résonne comme tonnerre à travers le long dortoir... Mais les anciens ont levé d'indignation leurs bras au plafond. « Honte sur nous! Scandale sur nous! Sur nous, mille opprobres! Tu es plus bizuth que le dernier des bizuths... O crétin crétinissime, ce n'est pas ce mot qu'il fallait... La PDM, bizuth, c'est la Pleine de... Mm... Miséricorde... » Je n'ai pourtant pas été condamné à être ciré. Je n'ai pas à casser de nez...

Par chance, le bizutage ne dure d'ailleurs pas plus que quinze jours. Il se supporte en définitive comme une petite crise d'urticaire.

Nous prenons ainsi rapidement le rythme de la

khâgne. Rythme prodigieux. Il n'y a pas de jeunes garçons au monde qui bûchent davantage. Encore que je reste un solide paysan besogneux, dur à la peine, j'en ai le souffle coupé. Six heures de cours par jour, quatre heures d'études surveillées pour faire nos devoirs, deux heures de thurne pour lire, il faut les tenir. Je ne sais comment je puis encore apprendre le bridge avec les taupins – nous jouons à La Rich' Tavern, qui n'a de riche que le nom – et jouer au rugby le dimanche – trois-quarts centre au Montpellier universitaire club, le MUL.

Dieu merci, nos trois principaux professeurs sont des maîtres d'élite. De surcroît, ils ont le goût et le sens de l'art : ils enseignent la civilisation totale. Monsieur Chazel, en lettres – mince et vive silhouette le plus souvent en marron ; sec visage aux pommettes fortes et au noir regard amusé ; geste élégant et appliqué d'un dandy converti aux heures sérieuses ; autoritaire sous le raffinement d'une politesse jamais trahie, profond sous l'allure gracieuse du désinvolte ; solidement classique avec le gant d'un romantisme léger – n'isole jamais un écrivain de son siècle ; il est le premier à me donner une vision globale de l'art de créer. Monsieur Husson, prof de philo – petit bonhomme tout vêtu de noir ; corps fluet et voûté, âprement ramassé sur lui-même, lorgnon sévère, épaisse moustache à poils noirs, rectitude exemplaire qui le fera un jour choisir comme directeur de cabinet par Jérôme Carcopino, ministre de l'Éducation nationale à Vichy, passion inexorable de la connaissance – est, en dépit de sa voix traînante et un peu pleureuse, un ennemi déclaré de la philosophie sophiste comme de la métaphysique en tour d'ivoire. Et Monsieur Claparède, en histoire – bourgeois distingué et souriant, peu de gestes, voix patiente avec léger nasillement, yeux vifs d'un fureteur inlassable, visage tranquille et reposé d'un observateur sûr de soi – n'explique aucun événement ni aucune personnalité sans ciel et paysage; il vous révélerait les origines d'une révolution avec des histoires de fleurs et de chansonnettes; il aime dire que l'homme est total, inséparable d'une histoire totale. Non seulement ils me protègent tous les trois d'une vision sans synthèse, mais, plus encore, ils m'apprennent à lire. Avec eux je découvre mes auteurs préférés qui ne cesseront plus de l'être: Stendhal, Dostoïevski, Baudelaire, Nietzsche, Bergson, Fustel de Coulanges...

Pour autant, même si j'adore ce travail, je ne suis pas heureux: parce que je suis pensionnaire.

L'internat m'est odieux. Durant les premiers mois, je rêve même de m'évader. D'une part, l'air des Pyrénées me manque trop. D'autre part, encore que la discipline soit très libérale et que nous soyons traités en grands garçons émancipés, l'horaire de la journée ne me donne pas assez de souplesse pour travailler librement. Il est impossible de s'isoler. Nous rédigeons nos devoirs en étude selon des heures strictes qu'il est interdit de déborder. Nous sommes envoyés au dortoir dès neuf heures du soir. Si nous voulons travailler dans la soirée, comme il est défendu de lire au lit, nous devons nous installer dans la longue pièce glaciale des lavabos, édredon sur le dos, le plus loin possible des cyrards et des agris qui s'y rejoignent pour piquer un poker; il m'arrive de terminer une version latine assis sur le siège des cabinets. Or, j'ai toujours détesté le travail à la commande et j'ai toujours aimé bûcher en solitaire. Mon rythme préféré est de mieux travailler certains soirs pour me libérer à d'autres. Je ne supporte pas les horaires forcés. A Salses, certains jeudis, il m'arrivait aussi de partir seul avec un livre à la montagnette ; je lisais à longueur d'après-midi sous un pin ou un amandier ; et je pouvais passer toute une nuit sur une dissertation française pour mieux passer la soirée suivante en amoureuse compagnie. Ici, ce n'est point que je me sente aux galères : j'étouffe...

Progressivement, je vais certes me libérer, m'aérer, mieux m'exprimer. Mais j'éprouve beaucoup de peine et je mets beaucoup de temps à me dégager de la camisole. Je n'y parviens parfaitement que durant la seconde année.

Par bonheur, j'éclate de santé. Dès le printemps, je me risque dans les bals d'étudiants, puis dans les bals populaires. Je cesse de ne courtiser que des jeunes filles. J'apprends à entrer dans l'univers trouble de la veuve et de la divorcée. A nouveau, je m'exprime aussi intensément dans l'amusement que dans le travail. La dix-huitième année est capitale : l'adolescent commence à se durcir en homme. Je puis accomplir ma mutation avec l'allégresse des vainqueurs. Et si, un soir, la nostalgie est plus mordante, je puis me précipiter au Cercle catalan du Pardal, où se donnent des sardanes...

Et puis, intellectuellement, je découvre des Amériques. Il y a de quoi exalter une conscience neuve. A Salses, j'ai vécu ; au bahut de Perpignan, j'ai engrangé ; ici, j'apprends à penser. Je m'aventure – avec des certitudes – dans des univers insoupçonnés. Pour la première fois, avec mes cokhâgneux, je discute à perte de vue sur l'homme, la destinée, le hasard, la justice... Questions phénoménales, pour la première fois affrontées : que vaut-il mieux servir d'abord, la justice ou la charité? Où est la dignité de l'homme, dans la paix ou dans la liberté? Quelle est la part du juste dans l'arbitraire, celle du moine dans l'anarchie, celle du poète dans le servage?... Le mardi après-midi, nous allons à la Bibliothèque universitaire, en la fac des lettres. Je ne m'initie point qu'à l'art de manier les catalogues, ou aux plus subtiles astuces de la poétique virgilienne : je me mêle aux conférenciers qui font connaître Malraux, Péguy, Claudel, Bernanos... Puis, je rejoins l'essaim tranquille des étudiants qui déambulent en devisant sur la place de la Comédie; elle est ovale, avec un bout un peu plus arrondi que l'autre; nous l'appelons l'œuf, en faire le tour s'appelle faire l'œuf; je m'introduis dans les groupes les plus graves comme dans les bandes les plus farfelues; c'est apprendre au contact l'universalité de la méditation comme l'infini du canular... Quand je n'ai plus d'argent de poche, je fais des extras comme garçon de café dans quelque bistrot ou je m'engage comme figurant muet aux soirées du théâtre municipal : ainsi puis-je dire que j'aurai paru en scène avec Louis Jouvet, dont la troupe vient donner *L'École des femmes*...

Il y a aussi les moments de grande rigolade. Je découvre ébloui l'univers le plus heureux de tous : celui des étudiants libres. Il m'arrive de me mêler à leurs troupes quand elles se déchaînent. En tout cas, je ne manque aucun chahut historique. Le soir du monôme organisé pour protester contre Benito Mussolini, qui réclame pour l'Italie la

Corse et la Tunisie, je casse avec entrain avec tout le monde libre les vitres du Grand Café Riche et les fenêtres de la fac de droit... Un autre soir, je me retrouve dans l'avant-garde de l'armée qui envahit le lycée de jeunes filles et enferme à double tour dans le dépotoir des cuisines la surveillante générale en chef avec quatre de ses pionnes, lesquelles n'auront jamais autant glapi sous d'innocentes chatouilles... Un autre soir encore, où de nouvelles puissantes manifestations sont organisées, cette fois contre Cécile Sorel venue nous jouer sa Célimène, je pisse, en chœur avec tout l'état-major estudiantin, en pleine place de la Comédie, dans la vaste vasque de la fontaine des Trois-Grâces...

Il y a de joyeuses heures, à faire l'idiot.

Néanmoins, même très libéré, je continuerai à rechigner. Le pensionnat me restera désagréable. Ce collier trop raide me fait mal au cou et cette selle trop lourde me fait mal au dos. Je me fais le serment que mes propres enfants n'iront jamais en pensionnat. Ils n'y seront allés ni l'un ni l'autre...

Je retrouve aussi la fade odeur de soupe aux choux du bahut de Perpignan.

Notre salle d'études baigne dans les relents des cuisines installées juste au-dessous. Sophocle se traite au parfum de navets et Baudelaire fleure le saupiquet. Les cabinets sont mal tenus. Quant aux dortoirs, ils valent une caserne d'infanterie; ça sent les pieds à quatre lieues; car nous n'avons droit qu'à une douche par semaine; il nous faut le mercredi matin effectuer trois quarts d'heure de marche pour aller la prendre au petit lycée, de l'autre côté de la ville; le grand lycée ne dispose que de vieux lavabos à hauteur de nombril...

C'est avec délectation que je fais le mur, le soir de la Toussaint, pour aller retrouver non pas je ne sais quelle colonelle qui aime mieux le baiser étudiant que le baiser militaire, mais tout bonnement un club d'étudiants provençaux qui m'invitent à une controverse sur Frédéric Mistral et « l'amour de Maurras pour Minerve ».

Ah! Ouvrir la porte de cette cage!

Dieu merci, on bûche. On bûche à en perdre le souffle. Je me réduis à la bête à concours, bloqué dans mes études et mes humanités. A peine puis-je prendre le temps de disputer de-ci, de-là une partie de pelote basque, ou un match de rugby, au sein du Montpellier Universitaire Club. Je me mobilise tout entier là-dessus : bûcher.

Je ne m'engage dans aucun mouvement politique. Je dois écouter le conseil de Monsieur Brégoulat : « Tu as le temps de faire ton choix. Avant de t'embarquer, laisse donc d'abord se terminer les années de Hitler. Le monde sera différent après lui. Toi aussi... »

Hitler... Hitler... Évidemment, il prend une énorme part dans l'actualité... A partir de 1937, tout le monde ne parle que de lui. Je comprends cependant mal ce qu'a voulu dire Monsieur Brégoulat. Soit : un dieu de la guerre est un dieu de la guerre... Il n'en reste pas moins qu'à nos yeux, celui-là sera incapable de pousser ses uhlans jusqu'à la Marne... Nous l'arrêterons tranquillement sur l'invincible ligne Maginot... Personne n'en doute. Il n'y a aucune peur à avoir. Tel est le sentiment général, que je partage sans même chercher à l'approfondir : au total, même si ce Hitler fait grand vacarme avec ses théories racistes et antisémites, et si sa voix ensorcelée, magnifiée par la radio, donne quelque frisson, il n'en est pas à pouvoir épouvanter un peuple solidement abrité derrière son rempart. Le volcan s'éteindra de lui-même, a dit Gide, cet oracle qui ne se trompe jamais.

Au reste, je ne cherche même pas à saisir la dimension des événements prodigieux qui vont nous submerger.

De plus, je prépare aussi la licence ès lettres. La première année, je passe mon certificat d'études grecques. L'année suivante, mon certificat de littérature française et celui d'études latines. Il n'y aura plus à passer que celui de philologie. Sophocle et Cicéron bloquent tout mon horizon. A trop étudier Cavour, je ne vois pas Mussolini; à trop bûcher Bismarck, j'oublie Hitler.

Et qui donc voit Hitler avec des yeux justes, en 1937?

Qui voit venir l'apocalypse?

On nous assure que nous avons la plus forte armée du monde, commandée par des généraux de génie.

Parlementarisme intouchable, patrie inviolable, tels sont les dogmes que personne ne discute.

La candeur est partout.

Je suis candide, comme tout le monde.

En vain Renoir donne-t-il *La Grande Illusion*.

Le vrai film de ces saisons est *Carnet de bal*.

Rien ne nous appelle sur les remparts.

De surcroît, c'est aussi l'âge d'or du Fou chantant.

« Je chante, je chante soir et matin, je chante sur mon chemin. »

Jean Sablon pousse ses romances : « J'attendrai le jour et la nuit », ou « Je tire ma révérence et m'en vais au hasard. » Immense événement : il est le premier, sur scène, à chanter dans un micro.

Tino Rossi roucoule « Gondoli. Gondola ».

Le pays le plus menacé du monde danse à s'en griser « Le Plus Beau de tous les tangos du monde ».

Telle est notre véritable ambiance.

Maurice Chevalier, plus jeune que jamais, conseille que « dans la vie faut pas s'en faire, moi j'm'en fais pas ».

La vibrante voix de Rina Ketty couvre la voix du Führer.

Gino Bartali, qui gagne le Tour de France cycliste, éclipse Mussolini.

Toute l'Europe n'a d'yeux que pour *Blanche-Neige et les sept nains* : chanter en travaillant.

Carné donne *Quai des brumes*, et nous tombons tous amoureux des yeux si brumeux de Michèle Morgan.

Nous nous répétons à satiété le fameux mot d'Arletty : « Atmosphère, atmosphère, est-ce que j'ai une gueule d'atmosphère ? »

Un jeune professeur de philosophie, un certain Jean-Paul Sartre, en attendant d'accumuler dans sa vie de monumentales erreurs, publie un roman, *La Nausée*, qui conclut à « l'absurdité fondamentale de tout ». Alors, à quoi bon écouter le vain bruit sourd des bottes hitlériennes ? Allons, *La guerre de Troie n'aura pas lieu*...

Céline règne, chantre acharné du nihilisme grandiose.

Nos maîtres à penser, Valéry, Alain, Gide, Maurois, Blum, Fabre-Luce, gardent sereinement foi en la vertu invincible de l'intelligence et de la raison.

Jean Giono supplie : *Que ma joie demeure!*

Le plus grand film de 1939 – signé Carné – s'appellera *Le jour se lève*.

Alain lui-même assure que croire à la guerre, c'est déjà y consentir.

Triomphe de l'irréel. A gauche, on explique que Hitler *bluffe* et qu'il suffira de le menacer d'une guerre pour faire éclater sa baudruche ; à droite, on se persuade de la sincérité des déclarations pacifiques du Führer et l'on soutient qu'avec lui un durable accommodement est possible.

Barbusse écrit tous les ans depuis 1933 que Hitler est en train de s'effondrer.

René Clair peut faire jouer *Fantôme à vendre*.

La vie est si belle qu'il n'est pas possible qu'elle se casse.

Durant ces quelques années montpelliéraines, je n'aurai qu'une pensée principale : retrouver au plus tôt Salses, mon Salses.

Avec quelle joie je m'y replonge durant les grandes vacances!

Je retrouve entièrement mon vrai rythme : baignades dans l'étang, promenades à travers les montagnettes, vélo sur la route d'Opoul, bouillinades, cargolades.

La « bouillinade » est l'un des plats les plus anciens du Roussillon. C'est en quelque sorte la bouillabaisse catalane. Simplement, elle est blanche, et non ocre. Au lieu de poisson, elle est faite d'anguilles et de petits crabes. Il est recommandé de la savourer – et de la dévorer – en plein air, aux bords de l'étang. On la fait « bouillir » dans une *olla* (une grosse marmite noire) sur un grand feu de sarments et de souches. Le fumet doit se détecter à dix lieues à la ronde. A table, elle s'accompagne d'épaisses tranches de pain grillé, qu'on « aille à mort ». Rarement, on y invite des femmes. Sans doute parce qu'on mange les anguilles avec les doigts, en susurrant comme pour un long baiser incongru...

La cargolade est notre plat national de fête. Il s'agit du « plat des escargots » – du fait qu'escargot, en catalan, se dit *cargol*. Les meilleurs, les plus « racés », se ramassent en terrain sec, sur des collines bien choisies des Corbières, si possible du côté d'Opoul ou de Fitou. Pour être supérieurs, il faut qu'ils aient respiré le thym et la lavande. On ne les sert au festin qu'après les avoir fait jeûner. On les aligne, bouche en l'air, coquille contre coquille, sur des grils spéciaux qu'on pose sur de fortes braises. (Naturellement, il ne s'agit pas de gros escargots de Bourgogne, mais de « petits-gris » des Pyrénées.) On fait tomber sur chacun d'eux une pincée de poivre et quelques gouttes de lard fondu. On ne retire le gril que lorsque les escargots bavent à souhait. Alors, la fête peut commencer. On s'est donné rendez-vous à vingt ou trente ou plus encore sous un platane ou un figuier, près d'une source où pouvoir tenir le vin au frais. On tire la merveille de sa coquille à l'aide d'un « clou de cheval », l'un de ces longs clous utilisés pour ferrer les sabots de nos percherons. Escorte : de larges tranches de pain frais archi-couvertes d'un aïoli « qui vous donne une haleine à tuer une mouche à vingt pas ». Autre escorte : de longues rasades, à la régalade, de vins qui doivent titrer quinze ou seize degrés. Il y faut vraiment quelque santé. Ce n'est pas un sport pour fillettes. Puis on passe les grillades, elles aussi préparées sur braises. Au choix : des « tranches » (entrecôte de bœuf), de la saucisse de cargolade (très mince et très poivrée) et de la *butifara* (boudin noir du pays). Croyez-moi : ça mastique avec enthousiasme. Le roquefort suit. Enfin, viennent les seuls légumes de tout le régal : c'est-à-dire des choux à la crème, onctueux à souhait. Certains de mes amis en mangent chacun dix ! Oui, oui... On termine par un café encore plus fort que le turc. Il n'y a plus qu'à chanter en chœur tout le folklore catalan... On conseille, ce jour-là, de ne pas « souper ». Le conseil n'est pas toujours suivi.

Peu importe le reste !

Le village reste le centre de ma vie.

D'ailleurs, comme paysage, même quand j'en serai séparé, je n'aurai pas plus chère image !

Rien ne le surpassera au plus profond de mon cœur.

Pourtant, au cours d'une existence qui me comblera de cadeaux, j'aurai occasion d'en découvrir, des images et des images.

Journaliste, après avoir été rédacteur en chef du journal d'information de Perpignan, *L'Indépendant*, éditorialiste sous le nom de Bernard Orsang (nom tiré de l'inévitable sang et or, blason des Catalans) et chroniqueur sportif sous le nom de Pierre Fontdame, j'écrirai dans les plus grands journaux de Paris et je serai éditorialiste de *Paris Match*.

Élu maire de Salses en 1947 (je le resterai 26 ans), président de l'Association des maires des Pyrénées-Orientales, conseiller général de Latour-de-France, député des Pyrénées-Orientales dès 1951, je serai vice-président de la commission des Affaires étrangères et rapporteur de l'Aide aux pays sous-développés.

Je siégerai en Conseil des ministres.

Je présiderai une assemblée européenne, celle des sept, dite de l'Union de l'Europe occidentale (UEO), élu à Londres.

J'effectuerai plusieurs missions secrètes pour le général de Gaulle.

Je présiderai l'ORTF (Office de radio-télévision française) avec pleine responsabilité sur l'ensemble de la télévision et sur les chaînes publiques de radio. (C'est moi qui, le 1er janvier 1973, lancerai la troisième chaîne T.V.)

J'aurai l'occasion de travailler au plus près des dirigeants de la Quatrième République comme de ceux de la Cinquième.

Je publierai plus de quarante livres, pour la plupart ouvrages d'histoire, et le petit Catalan sera immensément fier d'être écrivain français.

A ces titres divers, j'accomplirai de multiples voyages.

Je visiterai quasiment tous les États de la planète.

Je ferai plusieurs fois le tour du monde.

Je verrai les plus beaux paysages qui se puissent voir ici-bas.

Je serai reçu à la table de rois, de princes, de présidents, de grands ministres, de grands écrivains et de grands artistes.

Quand j'en aurai terminé avec ma vie politique en 1973 et serai devenu uniquement historien, je voyagerai encore tous azimuts pour mes enquêtes.

Comme conférencier, pour la Compagnie Paquet ou la dynamique agence du Temps retrouvé, j'exécuterai de magnifiques croisières sur le *Mermoz*, ce paquebot modèle du tourisme sur mer, mais aussi sur l'*Ocean Princess*, l'*Ocean*

Pearl, l'*Enrico Costa* et le *Costa Romantica*, de Saint-Pétersbourg à Ushuaia, du Cap à Saigon, de Bali aux îles grecques ou aux pays du Moyen-Orient. Je découvrirai ou reverrai Zanzibar et Mayotte, Sainte-Hélène et les Açores, Ténériffe et Madère, les fjords de Norvège et la baie d'Along, le canal de Panama et le canal de Kiel. J'aurai le privilège d'arriver en bateau à Venise, à Stockholm, à Rio, à Singapour, à Haiphong et à Hong Kong : inoubliable. Je visiterai les temples de l'Égypte et les temples d'Angkor, les pyramides du Mexique et les splendeurs de la Sicile, le parc Kruger et les parcs du Kenya, Borobodur et les temples du Guatemala. Je verrai bien d'autres merveilles encore.

Jamais aucune image, si somptueuse soit-elle, ne surpassera celle du pays natal.

Les plus belles resteront de Salses.

O mon pays, mon doux pays, comment mieux raconter encore tes heures paisibles ?

Tu ne comptes à peu près que des paysans, qu'on appelle « petits propriétaires ». Au seuil de la guerre mondiale, tu continues de pratiquer le système de la « propriété morcelée ». Chaque domaine se partage en « parcelles » qui peuvent être très éloignées les unes des autres. Certaines vignes peuvent même être distribuées par rangées de souches entre différents propriétaires : untel en a sept, un autre douze, un autre quatre. Tel est le cas de la vigne des Monells, notre meilleur terroir, qui est à Papa Arthur : à partir de la borne sud, il dispose de dix « rangées », plus loin de neuf, et plus loin de dix-sept. On partage aussi strictement les rangées sur terroirs riches, Garrieux ou les Monells, que sur terres maigres, la Jasse, le Fort ou la pointe de l'Étang. Tant pis si l'exploitant perd un temps fou pour, en charrette, se déplacer d'une parcelle à l'autre, car, alors, personne n'a ni camionnette ni tracteur. Mais telle est la loi. Elle va comme de soi.

Tu comptes autant d'équidés (chevaux, mulets et ânes) que d'habitants. Le matin, nous ne sommes pas réveillés par le seul chant des coqs, mais aussi par le martèlement des sabots des bêtes qu'on conduit à l'abreuvoir. Il y a un lien profond entre la maison et l'écurie : la perte d'une monture peut être ressentie comme un deuil familial.

La coutume chez les paysans est de s'appeler par le prénom et de se désigner par le surnom. Curieusement, « monsieur » ne vaut que pour nos artisans ou petits commerçants. Ainsi nos trois boulangers : Monsieur Trilles, Monsieur Sicart et Monsieur Bosch. Ainsi notre boucher-charcutier : Monsieur Fons. Ainsi notre menuisier, qui a charge de fabriquer tous les cercueils : Monsieur Colombier. Ainsi le charron, le sellier, le maréchal-ferrant, le serrurier, Monsieur Musquère, compagnon de guerre de mon père, chantre de l'Église, leader de nos royalistes, humoriste né, si humoriste que ce monarchiste impénitent mourra un 14 juillet !

C'est fort étonnant. Tout se passe comme si nos paysans, descendants des serfs de jadis, continuaient de constituer ce que les Romains appelaient la plèbe. Les artisans figurent une catégorie au-dessus.

Mais voici que Papa Arthur tombe malade. Les jambes ne le portent plus. Il a aussi une attaque : le médecin vient régulièrement lui appliquer des sangsues, qui dégorgent le sang dans une assiette de cendres. Je ne le verrai plus que dans son lit, son bonnet de laine à pompon sur la tête, revêtu de sa chemise à liseré rouge. Il me dit : « On passe, tu vois. Mais, au moins, petit, souviens-toi du principal : les seuls vainqueurs d'une guerre, ce sont ceux qui en survivent. »

Il n'a pas son pareil pour me débiter des proverbes catalans. Il doit en connaître à milliers. Une véritable encyclopédie vivante. Du coup, pour ma seule délectation, sur la base de quelques-uns de ses innombrables dictons, j'écris un dialogue (ma première œuvre, sauf que jamais publiée) entre l'animal le plus catalan de tous, le mulet, et la fleur la plus catalane, le coquelicot.

Le voici.

Dialogue du mulet et du coquelicot

Le mulet. – *Bonjour, gentil coquelicot.*
Le coquelicot. – *Bonjour, brave mulet.*
Le mulet. – *Je m'ennuyais. Mon maître m'a laissé là pour plusieurs heures, attaché à cet amandier. Voici que je te découvre, tout souriant parmi ces pauvres herbes qu'on m'abandonne à brouter.*
Le coquelicot. – *Le principal est que tu ne broutes pas les coquelicots.*
Le mulet. – *Je ne suis pas une mauvaise bête. Je ne piétine pas les poètes. J'ai le sabot plus fin qu'on ne le dit.*
Le coquelicot. – *Sais-tu que ton maître t'a ligoté à un amandier qui ne produit que des amandes amères?*
Le mulet. – *Peu importe l'arbre. Je ne serais pas plus fier enchaîné à un séquoia historique des Amériques ou au chêne de Saint Louis.*

Le coquelicot. – *Tu as des lettres, ma parole!*
Le mulet. – *J'ai beaucoup roulé ma bosse. J'ai beaucoup écouté.*
Le coquelicot. – *Étrange. Je suis la fleur la plus libre du monde. Et toi l'animal le plus esclave. Et, d'une seule chiquenaude de ton sabot, tu peux m'envoyer au néant.*
Le mulet. – *Je te répète que je n'ai pas le sabot méchant.*
Le coquelicot. – *Curieux croisement des destins! Moi, personne ne m'a jamais domestiqué : aussitôt cueilli, je meurs plutôt que d'aller en cage. Toi, tu es en galère à perpétuité. Pourtant, je pourrais être né mule, toi coquet bleuet.*
Le mulet. – *J'ai au moins un avantage sur toi. Tu ne vis que vingt-quatre heures, moi je puis vivre vingt-quatre ans...*
Le coquelicot. – *Comme seconde d'éternité, j'aime mieux ma seconde à moi...*
Le mulet. – *Du moins avons-nous quelque chose en commun.*
Le coquelicot. – *La même répulsion pour les cailloux et les chariots?*
Le mulet. – *...Mieux encore!... Nous sommes catalans... Aucun animal n'aura été plus catalan que moi... En Catalogne, aucune fleur n'aura été plus répandue que toi... D'ailleurs, je ne sais plus quel poète catalan, peut-être Louis Amade, a pu dire que nous étions, sur deux pôles opposés, les symboles mêmes du caractère catalan, moi besogneux, toi capricieux... L'écurie et le hasard...*
Le coquelicot. – *...Mon Dieu, un mulet poète!*
Le mulet. – *Le Catalan ne peut-il pas être à la fois le travailleur le plus rigoureux et l'épicurien le plus fantaisiste?*

Le coquelicot. – *Ce fils de Rome et du Celte... Un dialecticien imaginatif... A mon tour d'exhiber mes lettres...*

Le mulet. – *De plus attaché à sa maison, il n'en existe pas. Le Catalan peut être même plus jaloux qu'aimant. Et ils sont à milliers, les Catalans qui auront quitté le pays pour s'exiler tous azimuts.*

Le coquelicot. – *En politique, on appelle cela des conservateurs socialistes.*

Le mulet. – *Passons... même si je suis sûr que le Catalan est davantage homme de terre qu'homme de ciel.*

Le coquelicot. – *Parbleu! Tu n'as à peu près jamais vu de Catalans qu'un fouet à la main.*

Le mulet. – *J'ai aussi servi dans un couvent.*

Le coquelicot. – *A propos, ces moines, est-ce qu'ils te fouettaient eux aussi?*

Le mulet. – *Pour être moines, ils n'en étaient pas moins catalans. Simplement, ils appelaient cela m'infliger une contrition.*

Le coquelicot. – *Tu auras donc tout subi.*

Le mulet. – *Je ne m'en suis pas moins instruit. Mes fleurs et mes bonheurs, je les ai en moi. Mais oui, j'ai mes jardins intérieurs.*

Le coquelicot. – *Dire qu'on te prend pour une bourrique!*

Le mulet. – *Les hommes eux-mêmes savent que je suis moins bête qu'on ne le dit. La preuve, l'un de leurs plus chers proverbes.* Bord i mula, sempre s'en pensen una... *Bâtard et mule ont toujours malice en tête...*

Le coquelicot. – *Un malicieux, toi?*

Le mulet. – *Comme tu viens de l'entendre... et ce n'est point le seul proverbe à penser de la sorte. Un autre:* El bou i la mula sempre en fan una... « *le* bœuf et la mule en ont toujours une bien bonne à faire... » *Un autre encore :* El matxo manso mata l'amo, « *même le mulet le plus tranquille peut tuer son maître...* » *car il est trop vrai qu'il y suffit d'un bon coup de sabot, au bon moment et au bon endroit...*

Le coquelicot. – *Voilà qu'il me faut te découvrir en Machiavel.*

Le mulet. – *Innombrables, les proverbes catalans qui m'honorent.* Mula moïna, o molt falsa o molt fina, « *Bardot, ou très fourbe ou très fin...* » Qui vulgui mula sence vici, que vagi a peu... « *Qui veut une mule sans ruse qu'il aille à pied...* » *Je pourrais même te citer des proverbes qui soulignent ma finesse alors qu'ils tiennent l'âne pour la plus bête de toute les bêtes... Au reste, entre nous, voilà un peuple qui a du regard, dès lors qu'il sait distinguer un mulet d'un âne...*

Le coquelicot. – *Je n'en connais pas.*

Le mulet. – No s'ha fet la mel par a la boca del burro. « *Le miel n'est pas fait pour la bouche de l'âne...* »

Le coquelicot. – *Si on jouait à nous réciter de jolis proverbes. Tiens, toi les plus poétiques, moi les plus réalistes?*

Le mulet. – *Nous y passerions toute l'année. Aucun peuple n'est plus riche en proverbes que le peuple catalan.*

Le coquelicot. – *Tu me laisses tout pensif. Voici que je découvre que tu as beaucoup de considération pour un peuple qui, essentiellement, t'aura administré tant et tant de coups de fouet! Tu as l'air de te complaire dans ta galère, alors que moi, je veux rester libertaire. Je n'aime aucun pouvoir.*

Le mulet. – *Sans doute est-ce que les mulets castillans sont encore plus malheureux que moi.*

Le coquelicot. – *Le mulet français, lui, a disparu. Il ne figure plus qu'au zoo.*

Le mulet. – *On fouette, dans les zoos?*

Le coquelicot. – *Il paraît que non – comme quoi n'y entre pas qui veut.*

Le mulet. – *Force t'est cependant de reconnaître que les Catalans sont aussi optimistes que les Espagnols sont pessimistes.*

Le coquelicot. – *Je suis en train de compter tes cicatrices...*

Le mulet. – *Catalogne égale Dali, Picasso, Miro, Maillol, ça chante, ça exulte. Castille égale les dos torturés des moines de Zurbaran, les grimaces des borrachos de Goya, les masques royaux des abrutis de Vélasquez, ces peintures du Gréco qui semblent étirer des tripes dans un abdomen...*

Le coquelicot. – *Où as-tu appris tout cela?*

Le mulet. – *A Saint-Michel-de-Cuxa, j'ai servi un moine qui était passionné de peinture, et savait en parler.*

Le coquelicot. – *En politique, dans l'histoire, ce ne sont pas moins les Espagnols qui l'ont emporté sur les Catalans, et non l'inverse...*

Le mulet. – *Que vas-tu encore nous chercher!*

Le coquelicot. – *L'évidence. La Catalogne n'a jamais su vivre en souveraine sur de longs siècles. Seule, la Castille a su imposer un long État fort...*

Le mulet. – *Toi, défenseur de Charles Quint et de Franco!*

Le coquelicot. – *Ne fais pas l'âne. Disons que la Catalogne aura été le miroir de l'Europe. L'Europe a existé culturellement, jamais politiquement. La Catalogne de même. Avoir une âme et ne pas savoir être un État, voilà le paradoxe de ce peuple, mais paradoxe trop réel.*

Le mulet. – *Il reste que j'aime beaucoup mon pays...*

Le coquelicot. – *Même quand, bâté à mort, fouetté à mort, ton moine te faisait escalader les pentes qui montent jusqu'à Saint-Martin-du-Canigou?*

Le mulet. – *Je suis bonne bête.*

Le coquelicot. – *Ces Catalans, fixer une forme de civilisation et ne pas pouvoir siéger à la Société des nations!*

Le mulet. – *Mais ils savent danser la sardane. C'est mon rêve : si Dieu est bon, dans une autre vie, il me chaussera d'espadrilles et me fera danser la sardane.*

Le coquelicot. – *Tes songes sont bien modestes.*

Le mulet. – *Il m'arrive aussi de rêver que je serai éléphant, ou lion, ou tigre...*

Le coquelicot. – *Dans le partage du monde, pourquoi le lion a-t-il l'Afrique et le tigre l'Asie?*

Le mulet. – *...Une vie sans sabots, ni fouet, ah!*

Le coquelicot. – *A propos, comment t'appelle-t-on?*

Le mulet. – *Tout simplement* Moro *(en catalan : noir), comme tant d'autres de mes frères, couleur de ma peau.*

Le coquelicot. – *Curieux. Les chevaux, on les appelle* Bijou, Mignon, Sultan, Papillon, Prince... *Les mulets, vous n'avez droit qu'à des noms très communs...*

Le mulet. – *Tu me vois, avec la crotte qui me salit les pattes, la croûte de poussière qui me couvre le dos, mes oreilles sales, m'appelant* Bouton d'or *ou* Bel-œillet?

Le coquelicot. – *Le plus étrange est que tu ne sois pas plus haineux, que tu n'éclates pas en malé-*

dictions et en ruades... Ton optimisme est une aberration.

Le mulet. – ...*C'est qu'il existe encore plus malheureux que moi. Je mange du moins à ma faim. J'ai même mon pop corn : l'avoine. Les mulets du Sahara ou de Mauritanie ne peuvent pas en dire autant.*

Le coquelicot. – *Surcroît d'infortune : tu es eunuque.*

Le mulet. – *Je ne puis le nier.*

Le coquelicot. – *Fils de Monsieur Ane et de Dame Jument.*

Le mulet. – *Je ne serais à la vérité guère différent si j'étais bardot, fils de papa* Cheval *et de maman* Anesse.

Le coquelicot. – *Dans la hiérarchie, que vaut-il mieux être, mulet ou bardot?*

Le mulet. – *Mulet, bien sûr. Une ânesse, pour la gestation, ne saurait rivaliser avec une jument mulassière. Tous les vétérinaires l'assurent : les mulets sont beaucoup plus robustes, plus résistants, plus élégants que les bardots.*

Le coquelicot. – *Passer toute une vie sans connaître la saveur d'un vrai baiser!*

Le mulet. – *Tu n'auras connu que le baiser des abeilles. Je doute de l'ivresse de ses souvenirs.*

Le coquelicot. – *Je garderai mon secret.*

Le mulet. – *Il y a néanmoins d'autres différences entre nous. Je suis utile et les agriculteurs te tiennent pour une plante parasite.*

Le coquelicot. – *Etre utile, c'est déjà être esclave...*

Le mulet. – *Mes origines sont connues. Toi, tu es fils des hasards. Ton nom est une simple onomatopée, qui imite le chant du coq... Tu es un coquelet* sans chanson. Au fait, tu es rouge comme une crête de coq et tu n'as pas de poule...

Le coquelicot. – ...*J'ai mes romances.*

Le mulet. – *Moi, je voyage. Toi, tu n'auras jamais connu que ton coin de pré.*

Le coquelicot. – *Les vents me parlent. Les oiseaux aussi, et les libellules. C'est une manière de voyager.*

Le mulet. – Encara que es vesteixi de seda, la mona es queda. *Même vêtu de soie, le singe reste singe.*

Le coquelicot. – *Encore un paradoxe : tu es un eunuque, et les Catalans, dans leur langue, t'appellent* matxo *(prononcez : matcho). Un eunuque macho, il faut le faire.*

Le mulet. – *Les Catalans adorent être paradoxaux.*

Le coquelicot. – *On assure que, quand ils jouent au rugby, ils pratiquent mieux que tous autres la castagne. Ne serais-tu pas plus heureux chez les Bretons ou chez les Thibétains ?*

Le mulet. – *Il y a trop de pluie en Bretagne et l'Himalaya doit être plus difficile à escalader que notre Canigou.*

Le coquelicot. – *Tu es un philosophe, quoi...*

Le mulet. – *Je crois bien avoir été créé à ce seul objet... Dans les hiérarchies, on pense mieux tout en bas que tout en haut... Le luxe embue le cerveau... Mais, trêve de conversation ! Voici venir mon maître, ce bon Monsieur Calestroupat...*

Le coquelicot. – *Aïe ! Aïe ! C'est peut-être lui qui, en marchant dessus, va mettre fin trop tôt à ma seconde éternité.*

La sagesse de Papa Arthur est inépuisable. Je m'assieds sur une chaise à son chevet. Il me raconte ses débuts à l'école laïque, laquelle venait à peine de se fonder, autour de 1880 : l'instituteur s'appelait Monsieur Maillol ; il maniait la gifle avec une dextérité redoutable et le zéro-faute à la dictée était de rigueur ; on passait des heures au coin, sous bonnet d'âne, pour avoir confondu Saint Louis et le bon roi Henri IV ; tous les matins, avant de commencer ses cours, il enseignait que la France ne serait plus la France si elle ne savait pas prendre sa revanche sur la Prusse ; tout le Roussillon savait ainsi pleurer la perte de l'Alsace et de la Lorraine ; une grande photographie d'Alsacienne à large ruban trônait sur le mur au-dessus de la chaire, entre la classique carte de France et une reproduction du château fort de Salses. Puis, nous parlons de sa jeunesse. Récit : « Mon meilleur ami s'appelait Jacques Auriol. Mais il était royaliste, moi républicain. Nous cessâmes de nous retrouver le dimanche. Par interdiction des deux familles. Impossible de braver la loi des tribus. Ce fut pire encore lorsque je fus élu conseiller municipal sur une liste radicale-socialiste. Il ne m'adressa plus la parole. C'était pourtant un brave homme. Alors, un conseil : n'entre jamais en guerre de religion. » La religion ? Il est comme mon père ; il ne se pose aucun problème ; il laisse les femmes aller à leur guise à la grand-messe, aux vêpres et à complies ; il aurait honte si les enfants n'étaient pas baptisés ; mais lui ne va à l'église qu'à l'occasion des enterrements. Le tabac ? Il n'a jamais fumé, à l'inverse de mon père qui brûle un paquet de gris chaque jour ; il explique que l'homme n'est pas fait pour cracher de la fumée,

« mieux vaut laisser cela aux locomotives ». Le vin ? Encore à l'inverse de mon père, cet indéracinable vigneron n'en boit pas ; il explique : « Ni vin, ni absinthe, ni chartreuse. Pour sauver l'une de ses filles qui avait la typhoïde, ma mère fit vœu, devant la statue de saint Jean Baptiste, que toute la famille ne boirait plus jamais que de l'eau. » Et Papa Arthur devient intarissable dès que l'on parle de son frère aîné, Marcellin, qui avait vingt ans de plus que lui. « Une intelligence, dit-il, nous étions pauvres mais les curés décidèrent de lui donner toutes ses chances. Ils lui payèrent ses études. C'est ainsi qu'à Perpignan il fit ses classes avec le futur maréchal Joffre. Ils étaient intimes, tu sais. Puis l'un entra dans l'armée et Marcellin se fit ingénieur. Il avait une tête si bien garnie qu'il fut recruté par Ferdinand de Lesseps pour le creusement du canal de Panama. C'est lui qui dressa les premiers plans. Mais la fièvre jaune faisait des ravages. Lui-même fut foudroyé, tandis qu'il prononçait au cimetière l'éloge funèbre d'un autre ingénieur, tué par cette damnée maladie. Il repose là-bas. Qui sait ? Un jour, tu iras peut-être à Panama. N'oublie surtout pas d'aller te recueillir sur sa tombe. C'était un homme de bien, un bon Parazols... » (Effectivement, bien plus tard, j'irai à Panama et déposerai une gerbe de fleurs sur la tombe de l'oncle Marcellin.) Et je garderai précieusement un palmarès du collège de Perpignan, daté du mercredi 7 août 1867, publié à l'occasion de la distribution solennelle des prix « sous la présidence de Monsieur Lapaine, préfet du département. » Joffre Joseph, de Rivesaltes, le futur maréchal, a le 2e accessit de mathématiques élémentaires, le 1er des prix accordés aux élèves internes et externes surveillés « qui se sont le plus distingués par leur conduite, leur travail et l'accomplissement de tous leurs devoirs, le 1er prix de mécanique, le 1er accessit d'histoire et géographie, etc., et un 1er prix d'instruction religieuse. » Parazols Marcellin, de Salses, n'est pas moins primé.

Mais les temps passent, inexorables. Marraine Marie s'affaisse comme sur elle-même. Elle qui fut si belle, si rayonnante sous sa coiffe blanche en fine dentelle, est devenue une toute petite vieille. Sous l'austère foulard noir, le visage s'est ratatiné et fripé. Des dents manquent, cela accuse le creux des joues. Le regard, qui fut d'une eau si pure, s'est embué de je ne sais quelle brume intérieure ; l'on croit fixer les yeux d'une biche blessée. Elle ne quitte presque plus la maison, dont elle a abandonné l'intendance à Tante Marcelle. Elle se traîne plus qu'elle ne marche. Elle n'en reste pas moins à mes côtés, jusque tard dans la nuit, pour entretenir le grand feu de l'âtre, tandis que je prépare quelque exposé. Sauf que, de plus en plus souvent, elle s'endort, malgré tous ses efforts, et c'est moi qui dois raviver les flammes et réaligner les souches et les fagots. Quand nous parlons, elle n'a qu'une idée en tête : la peur de la guerre. « C'est si laid ! » murmure-t-elle.

Avec elle, impossible d'éviter de réciter les prières rituelles. Même quand je rentre tard d'un bal, elle m'attend pour les prononcer avec moi à mi-voix, le « Notre-Père, le Notre-Dame qui êtes aux cieux » et le « Je crois en Dieu ». Il est vrai que sur les murs de cette si humble demeure, hors le calendrier, ne figurent que des images saintes, des certificats encadrés de première communion, un portrait de saint Gauderique (le bon saint qui fait pleuvoir), la photographie d'une procession... Non qu'elle soit bigote. Pas du tout. Mais elle a une telle dévotion pour Notre-Dame que, pour rien au monde, je ne prononcerais le moindre mot pour la blesser. Il est vrai encore que, pour elle, rien n'est plus grand qu'une mère qui pleure.

La hantise du danger hitlérien mise à part, la vie au village en 1938 n'est pas différente de celle de 1928.

Seul changement notable : le cinéma est parlant.

On continue de participer au « pèlerinage annuel ».

Tous les ans, le village a droit à plusieurs compartiments réservés dans le train départemental spécial du pèlerinage de Lourdes, organisé sous l'autorité du nouvel évêque, Monseigneur Patau. Il s'agit d'un train omnibus. Bannières en tête, sur le sillage du chanoine Bobo (puis de son successeur, l'abbé Thubert, fils d'Arles-sur-Tech), on se rend en cortège à la gare. On n'a oublié ni le saucisson, ni le confit de canard, ni le tourteau à l'anis. On monte en troisième classe (il y a alors des wagons de trois classes, première, seconde et troisième), et vogue le pèlerinage à destination du pays de sainte Bernadette. Les chambres sont prévues dans des pensions de famille. L'événement dure huit jours. A peine aura-t-on pris le temps d'aller visiter le cirque de Gavarni. Tout le temps est consacré aux cantiques, aux processions, aux cérémonies et aux prières. Évidemment, pour nos Roussillonnais, la plupart des chœurs sont en catalan. Pour réaliser l'importance d'un tel voyage, il faut tout de même savoir que ce déplacement à

Lourdes aura été l'unique randonnée de Marraine Marie et de la plupart de ses contemporaines catalanes hors des frontières des Pyrénées-Orientales.

Autre grand événement collectif : les dimanches d'hiver, les battues aux macreuses. Il faut choisir un dimanche de grand vent et de grand froid. Les chasseurs (quasiment tous les hommes du village) s'alignent le long du rivage de l'étang, face au vent. L'occasion est la plus belle quand la tramontane, par violentes rafales, bondissant par-dessus la dernière chaîne des Corbières, s'abat en mugissant sur l'étang et la plaine. Des volontaires, sur une barque maniée à la pique, bravant les flots déchaînés, font cap sur les milliers de macreuses qui, en étape entre Poméranie et Ouganda, ont cherché refuge sur les eaux, parmi les roseaux, au plus près de l'abri des montagnettes. Ils ont pour rôle, une fois à proximité de la masse des macreuses, de les affoler par quelques coups de fusil. Apeurées, les macreuses prennent leur envol. Tumulte de coups d'aile. A peine à dix ou vingt mètres au-dessus des eaux, elles sont happées par le vent, qui les rabat brutalement vers la berge, où sont postés les chasseurs. Le massacre commence. Les cibles s'abattent par centaines. « On se croirait à la guerre d'Espagne », aime dire mon ami Moïse Picas, membre d'une famille de dix-huit enfants et notre meilleur champion cantonal de cross country. Les chiens se précipitent pour ramasser les proies. Le seul problème est de savoir qui a tiré juste. Trois, quatre chasseurs peuvent se disputer une macreuse en vérité abattue par un cinquième. Dans la matinée, on organise ainsi quatre ou cinq assauts, puis on s'assemble à l'abri des baraques de jonc pour savourer gaiement un solide jambon de montagne (les meilleurs sont de deux ans), un robuste pâté de porc et d'ardentes lampées de « Salses supérieur ».

Il faut préciser que le pays prête à un véritable paradis pour chasseurs. Car non seulement nous disposons de ces battues de macreuses, mais, sur terrains secs, à travers les Corbières, outre des battues de sangliers et la chasse classique au lièvre et au perdreau, nous disposons sur les marais d'une extraordinaire réserve de gibier d'eau, bécasses, bécassines, poules d'eau, canards, vanneaux, râles. Nos Nemrods peuvent à satiété exercer leur adresse. Ainsi saurez-vous que l'Oncle Léon est le plus doué dans le tir aux bécassines (l'oiseau le plus difficile à atteindre, car il vole en ligne brisée) et que notre forgeron n'a pas son égal pour « coincer » un perdreau. Moi ? Je chasse, bien sûr, comme tout le monde. Ici, on chasse comme on respire. Mais je n'aurai jamais eu ce qu'on appelle « la passion au ventre ». De plus, je ne suis guère doué. « Tu rêves trop », dit Moïse. De plus encore, je suis en vérité l'un de ces barbares qui, en secret, plaignent les macreuses. Ainsi, au total, j'aurai peu de comptes à rendre quand je comparaîtrai au tribunal de saint Pierre. Pourtant, plus tard, j'aurai occasion de davantage me passionner encore. Je serai invité en Afrique à des chasses aux fauves. Je chasserai le crocodile, le buffle et l'éléphant. Je pourchasserai durant des jours une troupe d'éléphants à la piste. Je chercherai le léopard. Mais, un beau jour, j'aurai à ma portée une antilope. Son profil se découpera avec netteté dans ma lunette de visée. Je croirai apercevoir un profil de belle jeune femme. Puis une lourde larme se mettra à couler sur la face de l'animal. Je n'aurai pas le cœur de tirer. J'abaisserai mon arme, au grand scandale des Noirs de mon escorte. Je ne tirerai plus jamais de coup de fusil.

Les matches de rugby? Nous les suivons passionnément, d'autant que l'USAP, notre équipe départementale fanion, multiplie les exploits. Elle compte des joueurs exceptionnellement brillants, comme Jep Desclaux, Lavail, les frères Vaills, Raynal, Abat, Palat. Elle enlève même en 1938 la finale du championnat de France contre le Biarritz-Olympique que commande le fameux demi d'ouverture Haget – finale au cours de laquelle l'un de mes camarades de bahut, Noël Brazès, trois-quarts centre, à dix-huit ans, grâce à une feinte de passe « historique », marque l'essai de la victoire. La France est alors exclue du saint des saints : le Tournoi des Cinq Nations. Elle n'a d'autre sérieux match international à disputer que contre l'Allemagne, dont l'équipe est d'un niveau très inférieur. Nous ne nous passionnons que davantage pour les compétitions nationales. Ah! Si nous avions alors eu la télé, avec un Roger Couderc et un Albaladejo. Hélas! Nous n'avons même pas la radio, laquelle ne sera réellement acclimatée dans nos lointaines campagnes que durant la guerre mondiale. C'est la presse qui nous apporte les résultats du dimanche. Le lundi matin. tous les enragés du rugby, à l'époque des matches décisifs, se regroupent de bon matin à la gare pour attendre le premier train du matin qui apporte aux abonnés *L'Indépendant* de Perpignan, *L'Éclair* de Montpellier (journal des royalistes) et *La Dépêche* de Toulouse. Ils bondissent sur les paquets, arrachent les ficelles, cherchent fébrilement les pages sportives. Il faut entendre les hurlements qui en adviennent.

Nous avons même la guerre des rugbys. Treize contre quinze. Dans les premières années 1930, l'un de nos plus grands joueurs français, Catalan d'Ille-sur-Têt, colossal deuxième ligne, nommé Jean Galia, lance en France le rugby à treize, qui supprime les deux troisième ligne ailes, bannit la touche, invente le « tenu » et accepte le « professionnalisme ». Peu importe si les dirigeants du rugby à quinze réussiront, par jugement devant les tribunaux, à interdire au treize de l'intituler « rugby », il faudra alors parler de « jeu à treize ». Les treize connaissent aussitôt une grande vogue, d'autant plus que Jean Galia, dans ses équipes, réussit à recruter certains des meilleurs joueurs du quinze, comme l'incomparable Max Rousié (Maxou, capable de figurer à tous les postes), le légendaire Ramis, le si élégant Noguères ou le rapide ailier Barde. De surcroît, lui peut organiser des matches contre l'Angleterre et le Pays de Galles, voire contre l'Australie et la Nouvelle-Zélande. La guerre des treizistes contre les quinzistes prend des proportions inouïes. Une vraie guerre de religion. Particulièrement à Perpignan. Au reste, elle se prolongera bien au-delà de la guerre mondiale. Quand je serai député, j'aurai encore plus de mal à manipuler la rivalité Treize-Quinze que des élections cantonales ou municipales. Tel dimanche, je n'assisterai à tel match à quinze que sûr d'assister le dimanche suivant à un match à treize, et vice versa. Homérique, la dispute. Je crois encore entendre les fanas, ici vanter les beautés de la touche, là les mérites d'un jeu aéré ; ici, célébrer la science subtile du jeu de troisième ligne aile, là accabler le « jeu de destruction » confié à un tel rôle ; ici, applaudir aux arabesques du « vrai rugby », là condamner les trop nombreuses « phases de confusion ». Et, en l'an 2000, les feux de rage ne seront pas encore éteints.

    Je ne m'interroge que mieux sur mes Catalans et sur moi-même. Je me sens à la fois *engagé* et *détaché*. Comme je crois être très exactement fils de ma terre, je crois bien, finalement, que la loi permanente du Catalan aura été d'être en contradiction avec soi-même. Comment mieux nous expliquer ? Le Roussillon lui-même porte au fond de son âme des contradictions profondes : il peut être aussi pudique que provocant ; il peut chérir la rêverie comme il peut s'exalter dans la véhémence ; il peut être aussi calculateur que désintéressé. La Catalogne elle-même, considérée dans sa totalité, aura été à tout instant imprévisible. Les plus illustres Catalans sont avant tout des contradictoires. François Arago, fils d'Estagel, est à la fois idéaliste et opportuniste, romantique et géomètre. Le maréchal Joffre, fils de Rivesaltes, est en profondeur un timide et un sentimental (il l'aura démontré dans sa vie amoureuse), mais croirait se déshonorer en pitiés, quand l'heure lui impose en 1914 des commandements inexorables. Aristide Maillol, fils de Banyuls, possède ensemble douceur exquise et agressivité massive ; les femmes qu'il arrache au marbre sont à la fois saines et dolentes ; elles ont la santé douloureuse ; elles éclatent de vigueur, avec leurs formes pleines, leur silhouette arrondie en amphore, leurs cuisses musculeuses, leurs chevilles épaisses de montagnardes, mais elles ne triomphent jamais totalement ; elles sont pétries d'un paganisme insolent, mais elles respirent la soumission chrétienne; elles sont Diane ou Junon, mais sans défis; à leur tour contradictoires, elles sont ensemble souveraineté et humilité. Pablo Casals (en catalan, il faut dire : Pau Casals) connaît toutes les magies des songes sublimes de l'ermite solitaire, non sans savoir exprimer les plus âpres sévérités de l'apôtre en croisade. Salvador Dali se campe en romantique perpétuel, mais avec le génie inextinguible de la forme parfaite : voici pourquoi, à tout moment, on ne sait pas s'il va divaguer à l'infini ou enfermer la vie ou le Christ dans la prison rigide d'un coup de pinceau impitoyablement précis, et voici pourquoi il peut être tout à la fois si fasciste et si anarchiste, ou encore si sorcier et si commerçant. A un autre niveau, les Catalans les plus humbles eux-mêmes vivent en contradiction naturelle permanente. Mon propre père a la larme facile malgré un caractère de granit. Mon ami François Casselébres (en français : Chasselièvres), qui sera durant des années mon adjoint à la mairie, un colosse, grand mutilé de Verdun, doué d'un appétit pantagruélique (dans une cargolade, il peut manger cent cinquante escargots, un demi-kilo de saucisse, un hecto de roquefort et huit choux à la crème), fait imaginer une locomotive tendre : il peut avoir des sensibilités quasiment enfantines. Ce doux Monsieur Brégoulat, pacifiste entre tous, conciliateur et réconciliateur né, personnification de la mansuétude, peut exprimer la rage du Viking pour défendre un ami ou un principe. Nous avons une impassibilité qui paraît indestructible, mais, tout à coup, une tendresse inattendue, souvent excessive, ou une colère inexplicable, souvent outrancière, fait craquer la carapace. Nous acceptons sauvagement les défis les moins réfléchis, comme nous pouvons savourer les analyses les plus approfondies ou les récits les plus travaillés. Nous savons autant mobiliser nos atouts que les oublier. Nous savons autant afficher nos ferveurs que les cacher. La contradiction intime est la marque du vrai Catalan. Je le vois bien alors avec moi-même. Déjà alors, je suis autant capable de longues rêveries poétiques que du match le plus engagé.

En politique ?

Le paysage porte à gauche.

Au seuil de la guerre mondiale, des trois députés des Pyrénées-Orientales, l'un est radical-socialiste, François Delcos, les deux autres sont socialistes SFIO, Joseph Rous et Louis Noguères. Les deux sénateurs, Joseph Parayre et Georges Pézières, sont socialistes SFIO. Le grand maître du département, député-maire de Perpignan, Jean Payra, aura été durant des années un ami de Léon Blum.

Première raison : c'est tout le Midi, sur le triangle Marseille-Perpignan-Toulouse, qui réagit de la sorte, et il y a là une attitude qui n'a rien à voir avec les phénomènes du caractère ; il s'agit essentiellement de la défense de l'Occitanie. Dans la mesure où voter à gauche est le plus souvent voter protestataire, on a conscience de mieux se solidariser ainsi avec la protestation millénaire des cathares révoltés. L'Occitan continue de refuser de se laisser parquer dans le camp des soumis. A ses yeux, le Parisien garde le visage du terrible Simon de Montfort. Or, une fois, et c'était une grande fois, l'Occitan vota contre Simon de Montfort. L'Occitan continue donc de voter contre le maître ou le persécuteur. En profondeur, l'Occitanie n'a pas encore pardonné aux sanguinaires qui abattaient ses châteaux et torturaient ses femmes. Elle vote à gauche au nom de l'Histoire. Elle n'entend certes pas se détacher de la loi française. Elle a même finalement accepté d'entrer dans la conscience de la France, car elle a tout de même connu, depuis « les grands malheurs », des gens d'oïl moins désagréables que Simon de Montfort. Elle est allée jusqu'à donner beaucoup de ses fils pour la sauvegarde de la France, ce qui constitue un sacrifice tenant du prodige, lorsque l'on songe au passé abominable qu'il a fallu surmonter. Mais, au fond du cœur de l'Occitanie, il reste un remords. Elle a peur d'être infidèle aux inoubliables martyrs. Elle en oublie même que des Occitans, dans l'intervalle, auront commandé en chef les armées françaises et présidé le Conseil des ministres français. Voter à gauche est précisément pour elle manière d'honorer ce remords. Sans doute s'agit-il de la seule Occitanie. Le Roussillon n'a pas connu le drame des cathares. Il était alors espagnol. Il n'a pas eu à subir les persécutions du « grand bourreau ». Il faut simplement penser que lui non plus n'a pas échappé à la protestation du Sud. Il a finalement répondu à un réflexe de survie de sudiste, comme sa sœur dans la géographie l'Occitanie.

Deuxième raison : durant des décennies, la vigne aura voté à gauche, avec le sentiment de voter automatiquement pour le progrès et l'imagination. Peu importe s'il y a erreur, c'est comme cela. Le vigneron aime l'avant-garde. Il y est porté par la nature même de son travail, qui lui impose d'être perpétuellement en éveil. Le travail de l'agriculteur, céréalier ou éleveur de bétail, est, lui, plutôt traditionaliste et même routinier, implique des automatismes éternels, relève de systèmes stricts installés pour toujours : l'agriculteur se satisfait docilement de l'ordre existant parce qu'il est lui-même l'ordre (en tout cas dans les années 1930); il est conservateur parce que sa vocation est de conserver et de répéter; il ne change ni ne bronche. Sans doute, en période de difficultés trop aiguës, quand la pomme et la betterave ne se vendent pas, quand des importations abusives font s'effondrer le prix du porc, peut-il lui aussi organiser des jacqueries sans frein, bloquer des routes ou lapider des édifices officiels. Sans doute, en 1992, le verra-t-on se révolter de toute son indignation pour protester contre des mesures aberrantes prises par la Commission de Bruxelles, à ses yeux un intrus. Mais dans sa réalité la plus intime, il demeure un inchangeable, et d'ailleurs, quinze jours après avoir lapidé la sous-préfecture, il vote tout bonnement pour le candidat du sous-préfet. En revanche, le travail du viticulteur impose un renouvellement perpétuel des moyens et une imagination ainsi qu'une curiosité sans cesse en garde. La vigne est moins manœuvrable que le champ. Par exemple, une opération comme la « taille » de la souche engage même un certain sens esthétique. Une souche est bien taillée non seulement pour porter plus de raisins, mais aussi pour être belle. Avec ses trois ou quatre branches qui dessinent un vase, elle ne préfigure pas seulement un récipient à remplir, elle est d'abord une coupe pour une coupe, une coupe en soi, une coupe à admirer en tant que telle. Le greffage aussi est un travail d'artiste. Également le labour : c'est à quel laboureur trace le sillon le plus droit. De plus, en même temps qu'artiste, comment mieux vous dire ?... le vigneron est en quelque sorte navigateur. Il travaille à la boussole et au compas. Il a toujours un récif ou un étoc à éviter. Il n'est jamais absolument sûr d'amener la cargaison à bon port. Il opère en incessante aventure. La routine devient sa principale ennemie. L'ensemble vous communique dès lors une familiarité avec le risque et le besoin de perfection, le goût de tout ce qui est nouveau et la passion d'aller toujours de l'avant. Le vigneron vote « pour le progrès » comme un artiste ou un aventurier. Observez du reste que presque tous les plus grands fleuves de civilisation prennent la route du vin. Avec la joie de vivre, c'est la vigne qui aura le mieux soutenu le sens des évolutions. Mésopotamie, Égypte, Judée, Grèce, Rome, Gaule enfin, auront été d'abord, au sommet, des civilisations de viticulteurs. La céréale alimente une civilisation triste. Le vin n'abreuve que des civilisations d'espérance. Le blé soutient, mais le vin inspire. Quand le Christ lui-même fait honorer le vin, il ne symbolise pas seulement l'offrande de son propre sang. Il souligne aussi tout l'hommage qu'il rend à un chef-d'œuvre hautement inspiré. *Inspiré* est bien le mot. Un homme doit être un inspiré pour réussir à obtenir un beau raisin, puis *composer* un grand vin. On dit « composer » comme pour la musique. Sa civilisation n'en peut elle-même recevoir que le chaud génie du feu, de la splendeur du bouquet et du vin. Par cet éloge du vin et du vigneron, vais-je provoquer la ligue antialcoolique ? Personne ne nie que l'alcoolisme est un excès qu'il faut combattre comme tel. C'est ma naturelle conviction. Rappelons cependant que c'est chez les populations vigneronnes que l'alcoolisme a commencé par être une honte : dans nos villages, l'ivrogne est assailli de quolibets. Mais nier tout ce que l'homme doit au vin serait aussi néfaste et indigne que de ne pas combattre l'alcoolisme. De fait, « goûter le vin » relève autant de l'art que « tailler le cep ». Le savoir-boire implique le savoir-aimer. Le savoir-boire exige même le savoir-penser. C'est justement dans l'esprit de cette haute signification que les civilisations de la vigne et du vin auront toujours été les plus rayonnantes...

Troisième raison : voter à gauche, c'est voter contre l'Église. En Roussillon comme dans tout le Midi, telle est bien même la première définition de la gauche : anticléricale. A ne pas oublier que les cathares maudirent autant Simon de Montfort que saint Dominique, autant l'envahisseur du Nord que l'Église qui le bénit. Si l'on est anticlérical, on peut être « homme de gauche » tout en étant réactionnaire sur le plan économique et social. La plupart de nos socialistes et la quasi-totalité des radicaux sont ainsi alors des conservateurs déclarés. Seuls, les hommes de droite vont à la messe. Or, seuls, les hommes votent. Il suffit du coup d'aller assister à une cérémonie religieuse dans l'un de nos villages pour savoir ce qui se passe : on y compte un seul homme pour dix femmes. L'image donne le miroir du vote. Le citoyen 1930 vote contre le curé. Disons qu'il suffit d'être laïque pour être catalogué de gauche.

Enfin, si le Catalan 1930 vote à gauche, il y a quelque coquetterie. Comment l'expliquer ? A vrai dire, il faut surtout savoir que, chez nous, voter à droite, c'est voter pour hier – ou, mieux, c'est voter pour l'arrière-garde. La propagande des instituteurs a été assez subtile et persévérante pour faire admettre l'archaïsme de la droite comme allant de soi. Par contre, la gauche, dans la rumeur, a su accaparer tout le prestige des pionniers qui ouvrent la piste. Or le Catalan, même quand il est économiquement fort développé, comblé de devises, n'aime pas *paraître* ramer à la traîne. Sa fierté et sa susceptibilité le portent toujours le plus en avant possible, en avant de tous les autres. Par la suite, après la guerre mondiale, plus encore vers la fin du siècle, la hiérarchie des valeurs politiques se modifiera. Dans les années trente, pas de problème : notre Catalan se vexerait d'être traité de retardataire. Il est ainsi acharné à figurer spectaculairement parmi les « avancés ». On arbore le titre d'avancé comme on arborerait une médaille de la Légion d'honneur. Alors, contre la République d'État, on vote pour la République en marche.

L'extrême droite ? Elle est alors très vivante en France, avec notamment les monarchistes maurrassiens, les ligues fascistes et une presse très violente. Elle est inexistante à Salses, réduite à deux ou trois hommes à peine, qui limitent leur activité à lire *L'Action française*. Elle est fantomatique à Perpignan : dans les élections, tout candidat « fasciste » qui ose se déclarer, ne sert qu'à réduire les chances des candidats républicains « modérés » qui défient les candidats socialistes. Je ne connais personne à se glorifier « hitlérien », ni même « mussolinien ».

Le problème juif ? Totalement inconnu. Je ne connais pas un seul Juif à Salses. Il y a très peu de

Juifs à Perpignan, même s'il y a une petite synagogue. Il faut préciser que nous fûmes durant des siècles des Espagnols. Les rois d'Espagne avaient réglé le problème en chassant du royaume tous les Juifs, dès mars 1492. Les familles juives de Perpignan, ou bien s'exilèrent en France, ou bien, se convertissant, prirent des noms catholiques. Résultat : non seulement nous ignorons tout antisémitisme, mais le problème n'est jamais abordé. Quant au sionisme, je ne le connais que dans les livres.

Le féminisme ? Nous n'avons aucune suffragette. La famille salséenne est du type latin le plus classique : monsieur fait la grosse voix et madame, dans l'ombre, commande. Madame 1930 est pourtant alors astreinte à de rudes besognes quotidiennes. Peu de familles ont réchaud et cuisinière. En tout cas, il n'y en a pas chez nous. Toute la cuisine se prépare sur un feu de bois qu'il faut surveiller sans cesse. Évidemment, nous n'avons ni aspirateur, ni machine à laver, ni le moindre gadget de ce qui sera le confort 1960. Il faut balayer le carrelage et y « passer la toile » (un gros chiffon imbibé d'eau avec lequel, à genoux, on astique le plancher). La vaisselle se lave à la main, alors que l'on n'a pas l'eau courante à l'évier (comme je l'ai déjà dit, on va chercher l'eau à l'une des fontaines publiques). Le linge se lave au lavoir municipal. (Nous en avons deux, sous toit, un au faubourg de Sainte-Colombe, un sur le chemin du fort, du côté de la « fontaine vieille », sans doute la première de notre histoire.) Tante Marcelle confectionne toute ses robes et celles de ma sœur sur une machine à coudre Singer, mais toutes nos femmes ont à passer d'interminables heures à tricoter et à repriser. Ma mère aura été l'une des rares femmes à lire le soir (des romans, choisis au hasard, à la bibliothèque populaire municipale, fondée par Monsieur Brégoulat). Hors la séance hebdomadaire de cinéma ambulant, madame n'a d'autre « distraction », si l'on peut dire, que dans le soin qu'elle voue aux occupations religieuses. La paysanne 1930 est archioccupée, sans oublier qu'elle est requise par de nombreux travaux à la vigne, par exemple les vendanges et le ramassage des sarments, bien que, pour ma part, je n'aie jamais vu de femme labourer, ni sacler, ni tailler, ni sulfater. Mais, même asservie à mille besognes absorbantes, elle aura toujours su se ménager une souveraineté dans le secret de la famille. J'ai vécu cela. Loin d'être l'esclave aux chaînes, ma mère aura toujours été la reine de la maison, que l'on vénère et que l'on écoute, avec une autorité, toute en finesse, qui était délicatement ressentie dans le village. Mes grand-mères et mes arrière-grand-mères auront été des maîtresses femmes, du jugement le plus sûr sur les hommes et les problèmes. A cet égard, il ne faut surtout pas se fier à de faux signes. Par exemple, quand nous recevons des invités, parents ou amis de passage, ni Marraine Marie, ni ma mère, ni Tante Marcelle ne prennent place à table. Elles apportent les plats comme des servantes. Un Parisien peut s'en choquer. De fait, cela ne signifie pas du tout que la femme de la maison soit considérée comme de niveau inférieur. Outre qu'il lui est impossible de se distraire de la surveillance de plats tous préparés sur feu de bois, il s'agit surtout d'un hommage réfléchi, établi par une tradition plus généreuse qu'injuste. Par honneur et courtoisie, on se fait servante de l'hôte dont la visite honore la maison. C'est le signe d'un raffinement, et non la preuve d'un esclavage.

En vérité, la Catalane n'aura jamais été la serve du Catalan. Elle fut toujours la « dame » qui aura toujours eu lumière sur l'essentiel. Au demeurant, la finesse de toutes ces femmes est réellement exceptionnelle – ainsi d'ailleurs que sur tout le Languedoc voisin. C'est même ce qui frappe le plus Léon Blum quand, en 1928, battu à Paris par le communiste Jacques Duclos, il vient chercher un mandat de député dans le Narbonnais. Durant la campagne électorale, il est reçu à déjeuner dans de simples maisons paysannes. Madame ne s'assied pas à sa table. Mais Léon Blum, qui est la distinction même, est vite saisi par l'élégance de la discrétion de son hôtesse comme par sa sobre intelligence, aux quelques mots qu'elle prononce. Il m'en parlera un jour : « Jean Payra m'a amené lui aussi dans de tout simples foyers catalans. Outre que l'on mangeait des mets délectables, je me suis chaque fois émerveillé de l'extrême aristocratie personnelle des dames qui me servaient. Des " dames " est le mot exact. » Il est trop vrai que, autant le Catalan type peut être rugueux, abrupt, dur, hargneux dans la bataille, autant la Catalane peut thésauriser une extraordinaire douceur, avec une élégance toute naturelle.

Et il y a une élégance de famille avec laquelle nous ne trichons jamais : mon grand-père interdit que nous prononcions le moindre gros mot à table. Par respect de soi-même, dit-il. Il veille d'ailleurs à toutes les formes du respect : ainsi, quand il va voter, il met son plus beau costume, coiffe sa plus belle casquette et se découvre devant Marianne. « Au bal, me dit-il, quand tu vas inviter une jeune fille à danser, n'oublie surtout pas de légèrement t'incliner devant elle. » Mais c'est cela à quoi il tient le plus : ne jamais s'abandonner à la moindre grossièreté. Quand je serai devenu président-directeur général de l'ORTF, combien de fois le dirai-je aux réalisateurs ou aux paroliers qui se complairont dans un langage à fumier, avec les mots les plus orduriers qui se puissent imaginer. « Mais, président, me répondront-ils, il nous faut bien faire peuple ! » Comme c'est mal connaître notre peuple ! Le vrai peuple de France est un peuple propre, digne, respectueux de lui-même. De toute manière, il en est ainsi à la maison : un gros mot vaut péché.

La fête au village ? Il y a d'abord les fêtes catholiques : ainsi, à Noël, le chœur de chant entonne-t-il traditionnellement nos cantiques catalans, comme « Ils bondissent et dansent, les pastoraux et les pastourelles, *a la nit de Nadal* », à la nuit de Noël ; ainsi, à Pâques, chantons-nous tous *La Goig dels ous*, la joie des œufs. Mais la plus grande fête dure trois jours, les trois premiers jours d'août. Elle est organisée par les « garçons de la classe », les jeunes gens qui vont passer le conseil de révision. Ils décorent la place de la République aux couleurs tricolores et avec de longues guirlandes de buis. Accompagnés d'une cobla, ils font tout le tour de la commune de maison en maison. Sur chaque seuil, on donne l'aubade, au choix de l'occupant. Les royalistes font jouer *Les rois ont fait la France, à la France il faut un roi*; les marxistes (même si personne n'a lu la moindre ligne de Marx) demandent *L'Internationale* ou *Le Chant du départ*; les modérés sont pour une retentissante *Marseillaise*; d'autres préfèrent *Le Temps des cerises*, une valse musette ou *La Chanson des blés d'or*. Pas le moindre problème : on ne se dispute pas un jour de fête. Puis deux garçons montent à l'étage avec une grande corbeille en osier munie de deux anses. Chaque famille y dépose qui un jambon qui des œufs, qui des bougnettes. L'ensemble des offrandes permettra aux jeunes gens d'organiser un fameux déjeuner. On danse après-midi et soir. Jusqu'au seuil de la guerre mondiale, le programme des danses restera le même : on débute par une polka (que va remplacer le paso doble); on poursuit par une mazurka (qu'on confond avec la java); on continue par la scottish (que va détrôner le tango); on clôt le cycle par une valse, puis le même cycle succède, et ainsi de suite. La cobla joue sur une estrade tout enguirlandée. On évolue sur un large cercle cimenté en plein centre de la place, autour d'un long bec de gaz. Les trois cafés ont installé tables et chaises tout autour du cercle magique. Les mamans des jeunes filles ont amené chacune une chaise et se tiennent en rangée autour de la piste pour mieux voir tout ce qui peut se passer. Nos cavalières sont toutes de remarquables danseuses et d'éméritès valseuses. Il n'y a pas d'empotée. A signaler cependant une danse exceptionnelle, qu'on appelle le « bal de la classe » : elle est réservée aux seuls jeunes gens de ladite classe qui, pour l'occasion, invitent leur sœur, ou leur mère, ou leur fiancée. (Sur le bord de la piste, les familles, attendries, y vont d'une larme.) Le dernier soir, tout se termine par une farandole endiablée à travers les rues du village. « Dansons la carmagnole, vive le son du canon... » Tant pis pour les royalistes : la République a le dernier mot.

Le deuxième jour, on procède à des « jeux ». On organise la « course des sacs » : les concurrents disputent un cent mètres les jambes prises dans un gros sac et, bien entendu, tombent à qui mieux mieux. On joue à la « cruche cassée » : on suspend au milieu de la place, à une guirlande, une cruche remplie d'eau ; les concurrents, les yeux bandés, à tour de rôle, partis de l'estrade des musiciens, armés d'un gros bâton et tout désorientés car on les fait plusieurs fois tourner sur eux-mêmes, doivent, guidés par les cris de la foule : « A droite ! à gauche ! Non, encore un pas ! Non, trois pas ! Non plus loin... ou plus près !... », arriver sous la cruche et l'abattre d'un coup de bâton ; c'est beaucoup plus difficile qu'il n'y paraît ; nombre de concurrents tapent dans le vide, avant que l'un d'eux réussisse le pari. Ou bien on monte en scène pour le « duel à la confiture » : sur une estrade, on dispose une table avec deux chaises qui se font face ; on bande les yeux des deux concurrents, l'un et l'autre armés d'une cuillère ; on place entre eux un gros pot de confiture de figues ou d'abricots ; c'est auquel enfournera le mieux son rival ; vous pouvez imaginer le spectacle de la confiture se répandant sur chaque visage et dégoulinant sur les chemises. Ou encore on joue à quel garçon sera le plus fort, à qui soulèvera le plus grand nombre de comportes, ou à qui boira le plus grand nombre de demis de bière. Les foules romaines, jadis, ne devaient pas s'amuser différemment.

L'idiot du village ? Il existe. Nous le surnommons *lo cargol*, l'escargot. Essentiellement, c'est un benêt, avec un pauvre visage tout éberlué et une démarche cahotante. Il est de ma génération. Mais nous n'aurons jamais été cruels avec lui. Nous sommes même tous très gentils à son égard. Pas la moindre moquerie. Elle est fausse, la légende selon laquelle les villages harcèleraient de quolibets les innocents.

Les chiens? Les chats? Le meilleur ami du laboureur est le cheval. Mais chaque famille a des chiens de chasse et des chats pour « faire peur aux souris et aux rats ». Là non plus, on ne relève pas de cruautés.

Les montreurs d'ours? Nous en voyons passer, régulièrement. Mais nous avons toutes sortes d'autres visiteurs qui s'annoncent dans les rues par des cris rituels: les petits ramoneurs savoyards, virtuoses dans l'art de nous racler les cheminées; le rémouleur, avec sa meule, pour nous aiguiser nos couteaux; le rétameur, qui répare les pots de cuivre; l'acheteur de peaux de lapin; Zéphyrin, venu du Barcarès avec sa mère vendre une pleine caisse de sardines; la matelassière, qui vient « rajeunir » les matelas; telle roulotte de romanichels, habiles à réparer les parapluies ou à vous acheter tout un bric-à-brac; la tripière, qui nous vient de Perpignan. Ce Zéphyrin est le plus pittoresque de tous. Il vient pieds nus de sa plage qui est à quatorze kilomètres, avec un pantalon retroussé à mi-mollet; il a une voix nasillarde qui doit porter à des kilomètres; en catalan, bien sûr, il ne cesse de trouver des mots nouveaux pour vanter sa marchandise.

Cinquante ans plus tard, je ne reconnaîtrai pas *mon* village.

Moi-même, maire près de vingt-six ans (de 1947 à 1972), j'aurai participé au bouleversement (en installant l'adduction d'eau et le tout à l'égout, en faisant bâtir un groupe scolaire, en équipant un beau terrain de rugby, en faisant bitumer les rues, en motorisant les équipements et les transports de la mairie, en faisant électrifier toutes les fermes du territoire, etc.).

Là où en 1930, on ne compte que trois automobiles, celle de Monsieur Brégoulat et celles des deux médecins, on en enregistrera dès 1980 plusieurs centaines. Le village connaîtra les embouteillages.

Presque toutes les maisons se retrouveront modernisées, et équipées des plus pratiques appareils ménagers.

On aura perdu l'habitude d'affubler chacun d'un surnom; on ne saura plus accoler que des surnoms modernes, Truman, Tino, Johnny, Garinov (pour Gary, le secrétaire de la cellule communiste).

Salses n'aura plus son cinéma ambulant ni son théâtre du cru.

Les jeunes parleront de moins en moins catalan. Les séances du conseil municipal cesseront de se tenir en langue catalane. Il faudra bien dès lors que, outre des représentants des plus vieilles familles, on y admette tel Pied-Noir réfugié d'Algérie ou tel retraité des Nords.

Le vieux corbillard avec son vieux cheval sera remplacé par un véhicule motorisé.

Chevaux et mulets auront presque disparu; ils seront remplacés par des tracteurs, des camionnettes et des Caterpillar; et c'est comme si nous perdions le monde du silence.

Radio et télé éclipseront les chanteurs locaux.

L'effet de la pollution? La vaste troupe des rossignols de notre enfance se réduira à quelques égarés. Il sera vain de chercher la moindre oie sauvage. Les renards auront fui. Sur l'étang, barques à moteur et hors-bord pour skieurs nautiques ayant cassé la paix éternelle, les troupes de canards et les nuées de macreuses n'oseront plus faire halte à Salses entre Sénégal et Poméranie. On cherchera en vain une alouette. Même les hirondelles seront plus rares. A se demander si les nouveaux chasseurs, qui ne traqueront plus que des fantômes, auront jamais vu vanneaux ou bécassines. Pour les consoler un peu, on ne leur lâchera bientôt que des faisans nés dans on ne sait quelle fabrique pondeuse collective. A peine entendra-t-on parfois gémir un râle des marais. Dans les fontaines poissonneuses de La Rigole et de Fontdame, au lieu de piéger des muges ou des anguilles, on élèvera scientifiquement des truites galériennes et des moules. Toute une époque s'éloignera. Tout changera. Si les gosses sauront distinguer une Matra d'une Porsche, ils ne sauront plus reconnaître un boulonnais d'un percheron. Sauront-ils même que Salses aura eu des percherons ? Mes neveux ne sauront plus atteler un cheval.

Les veillées funèbres, en 1930, durent toute une nuit. En 1980, on saluera les morts dix minutes.

Le village se mettra à l'an 2000. Il se standardisera. Il sera même si atteint du démon de publicité qu'il changera son nom de Salses en Salses-le-Château (je n'arriverai pas à m'y habituer).

Il aura nombre de gens sachant parler anglais. Il n'appellera plus Black que les seuls chiens noirs.

La route nationale, en juillet et août, sera envahie d'un amas invraisemblable de voitures et de caravanings en route pour la Costa Brava.

Il s'effacera ou il s'éteindra, le merveilleux village attendri et attendrissant de Tante Thérésine, de Tante Léontine et de Marraine Marie... pour céder la place à de nouveaux prénoms comme à de nouveaux métaux. On ne s'appellera plus Marcellin, Jepe ou Baptistett (prononcer toutes les lettres), ni Philomène, Baptistine, Bepa ou Marie. Place, ici, à Marc, Thierry, Patrick, Bruno, Rémy, voire à Tristan et à Lancelot, là à Dominique, Christine, Marie-France. J'aurai même une nièce prénommée Bérénice. Il est vrai que mes propres petites-filles seront baptisées Isabelle et Chloé.

Mon petit bonhomme, autrement dit mon fils, sera même le premier Pierre Conte de la famille à ne pas naître en Roussillon : il nous arrivera un beau dimanche d'avril 1960 dans une clinique de Neuilly-sur-Seine, voué à être neuliléen, neuléléen ou neuillois – alors que ma fille, Dominique, en 1953, naîtra encore dans la maison de ses grands-parents maternels, à Perpignan, parmi tout le rite ancestral.

C'est que l'on ne se mariera plus « au village ». L'on ne se mariera même plus entre Catalans. Ma femme, née Colette Lacassagne, sera encore une pure Catalane. Nos deux enfants se marieront très loin de notre paysage natal.

Salses aura pris un autre visage.

J'en aurai un serrement de cœur, que je ne cacherai pas.

L'éloignement ajoutera à ma nostalgie.

Sauf qu'il ne s'agira pas d'une nostalgie classique : celle du déraciné ; celle que connaissent tous les provinciaux de Paris. Tout se passe comme si je pleurais un autre village, non pas celui qui sera encore là entre Perpignan et Narbonne, mais un qui ne se verra plus, totalement effacé, et si différent de son successeur.

Du moins, durant tout le temps passé à écrire ce livre, l'aurai-je un peu recréé.

J'hésite même à rédiger la dernière page, comme si elle devait marquer une fracture définitive.

Inlassablement, je me remémore du coup toutes les scènes du village d'antan, qu'elles soient sereines, joyeuses ou tristes :

– Le rude village qui s'éveille aux chants triomphants du coq.

– La fontaine à long levier où l'on va tirer l'eau.

– Le four du boulanger où l'on porte les macaronis à gratiner.

– Le gros pain de trois kilos sur lequel, avant de l'entamer, on ne manque jamais, avec la pointe du couteau, de signer la croix du Christ.

– Les soirées d'hiver autour du feu de bois tandis que nous faisons cuire des pommes de terre sous la cendre ; les hommes qui se passent la *borraxa* (gourde en peau de chèvre, sans doute à l'origine gourde des pâtres, qui sert à boire à la régalade) ; l'aïeule, les cheveux cachés sous un grand foulard noir, qui raconte une histoire dorée des temps naguère ; le doux profil de ma mère qui sourit ; les étincelles fusant des sarments qui craquent ; les sarments portés au rouge vif où mon regard d'enfant fait jouer des princes et des hussards.

– Le repas familial autour d'un cassoulet ou de pigeons à la catalane. Nous rions. Nous chantons. Nous nous taquinons les uns les autres. Je raconte des histoires du bahut : tel copain a été exclu du collège, pour, en classe de physique et chimie, avoir été surpris en train de lire la page où Madame de Sévigné raconte sa nuit de noces; tel autre a été puni d'une retenue de quatre heures pour avoir subtilisé une main du sacro-saint squelette du professeur d'hist nat; comme notre prof de philo a la manie d'entrecouper ses phrases de séries de « bon ! » et de séries de « il y a là ici », certains élèves font des paris, avant d'entrer en classe, sur le problème de savoir si le maître dira plus de « il y a là ici » que de « bon ! » Je rapporte ce que Monsieur Marez peut penser de Robespierre ou du Brave des Braves. Je puis raconter tel ou tel exploit de Bonaparte. Du fond de son lit, Papa Arthur lance, de sa plus claire voix : « C'est bien, petit, on est contents de toi. Mais moi, je ne te le rappellerai jamais assez : savoir aimer est toujours plus important qu'aimer savoir. » Aucun danger que je le contredise. Cette table est l'image même de la tendresse.

– La « fête du cochon », le soir, quand on vient de « tuer le porc » engraissé depuis des semaines. La tête bout dans une marmite d'eau bouillante. Une énorme *olla* est installée à plein feu. Les femmes alignent de longs « fils » de saucisse et de *butifara*. Marraine Marie fait griller des *costellous* (côtelettes) qui embaument, puis fait frire tout un amoncellement de *gracillous* (gratons). Inoubliables gracillous ! On en fait même faire chez le boulanger une fameuse fougasse, toute dorée et caramélisée, que l'on nomme précisément « fougasse de gracillous ».

– L'*hort*, le jardin familial auquel nous devons fruits, légumes et fleurs, sans oublier les chrysanthèmes de la Toussaint.

– Les mésanges qui jouent dans les abricotiers.

AU VILLAGE DE MON ENFANCE

– Les trois figuiers de la Jasse, dans un creux des Corbières, l'un à figues blanches, le second à figues noires, le troisième dont nous laissons les fruits sécher sur branches. Ces figues sont d'une indicible saveur, comme je n'en mangerai plus jamais. « Des figues du bon Dieu », dit Marraine Marie.

– La barque ancestrale, celle de l'ami Valentin ou celle de l'ami Jules, qui glisse tout doucement, à l'étang, sur des eaux couleur de plomb. Debout à son bord, nous piquons en cadence notre foëne à quatre dents et à long manche, jusqu'à ce que nous entendions le « crac » signalant qu'une anguille vient d'être harponnée. Nous harponnons ainsi durant plusieurs heures. Nous laissons nos prises au fond de la barque, où elles gigotent à qui mieux mieux. Nous commençons dès le petit matin, quand il fait nuit encore. Nous piquons jusqu'à ce que l'aube irise le ciel de toutes les couleurs du paradis. Puis, nous nous offrons un petit déjeuner aux anguilles. Nous les faisons griller à l'*hast*, sur une branchette de saule disposée en Y. Nous arrosons nos proies de vinaigre. Nous les ornons de pointes d'ail. Nous les accompagnons de pain grillé et aillé. Jamais aucun de mes breakfasts de l'avenir ne vaudra ça.

– La vieille église, qui échappa par miracle en 1793 à l'incendie de la Révolution (où brûlèrent toutes nos archives) et qui ne tient debout que par miracle – les humbles statues des saints qui continuent de nous protéger, toutes craquelées que sont leurs couleurs – la quête du bon chanoine Bobo (il me dit que certains fidèles, au lieu de sous, lui glissent sur son plateau... des boutons de « vieux costumes »).

– Les haltes près d'une source qui chante.

– Les escadrilles d'hirondelles qui, avec un bel ensemble, tournoient harmonieusement, puis se posent sur les fils électriques du village.

– Les rangées d'amandiers rêveurs où ronronnent les cigales.

– Sous un soleil de feu, les joyeuses vendanges où les cueilleuses (qui coupent les queues de raisins au sécateur ou à la faucille) chantent à pleine voix le folklore catalan; le granger Ramon, sec comme un roseau, qui manie allègrement la « masse » pour écraser les raisins dans la comporte; le tandem que je constitue avec mon cousin Pierrot pour, avec de longs bâtons jumelés, transporter les comportes pleines (cent kilos) du fond de la vigne jusqu'à la charrette; les longues files de charrettes du village transportant chacune une douzaine de comportes à la Coopérative; la grappe de muscat qui brille au clair soleil; ou les raisins d'aramon, du rouge le plus sanglant, que les jeunes gens adorent écraser sur les visages des jeunes filles, pour les farder, disent-ils.

– Chez Paul Heras, le maréchal-ferrant, la file des chevaux qui attendent leur tour de se faire ferrer.

– Chez Mathieu Maureta, le bourrelier, les harnais qui s'entassent et dégagent une sympathique odeur de cuir.

– Sur les bancs de la place de la République, les anciens qui, pipe en bouche, évoquent interminablement des souvenirs ou commentent le dernier match de l'USAP ou le plus récent éditorial de *L'Indépendant*.

– Des gosses qui jouent aux billes ou aux noyaux d'abricots.

— L'enterrement auquel assiste quasiment tout le village ; le lent cheminement derrière le corbillard, que précèdent le prêtre, des enfants de chœur et le porteur de la lourde croix de saint Jean Baptiste. Les hommes suivent d'abord, puis viennent les femmes. La messe dure près d'une heure (si bien que les non-pratiquants ont tout le temps d'aller faire une belote ou un billard au café de la Paix voisin). Le cimetière est à quelque trois cents mètres de la localité, au-delà d'un passage à niveau. De hauts cyprès sont en sentinelles sur le porche. Le plus souvent, on « enterre ». Rares sont encore les familles qui ont une tombe en bâtisse. Pitote est le croque-mort (personnage du plus haut pittoresque, il fut naguère au service domestique de Monseigneur Carsalade du Pont, comme quoi il peut se flatter d'être frère de lait d'un évêque : tout bonnement, quand il montait à Monseigneur, à l'étage, son petit déjeuner et quand le bol, trop rempli, menaçait de déborder, Pitote « chourroupait » – prélevait – quelques bonnes lampées). C'est Monsieur Brégoulat qui prononce quasiment tous les éloges funèbres : seule exception est faite pour les royalistes et c'est alors leur Maurras local, Jacques Auriol, dit « Barre », qui intervient. La grosse voix de monsieur le maire roule ses *rrr*. Il lit son texte, écrit la veille. Comme il est humain, il sait trouver chaque fois les mots les plus justes. Simplement, les jours de tramontane, on n'entend rien : le grand vent, méchamment, emporte l'éloge aux lointains.

— Les nuits d'ouragan, au chaud sous l'épais édredon rouge, quand la tramontane hurle, que toutes les colères des cieux se déchaînent et que notre pauvre maison me devient aussi précieuse qu'un palais.

— Le dimanche, la longue procession silencieuse des aïeules toutes vêtues de noir se rendant à la grand-messe.

— Le jour de ma première communion, en costume bleu marine (à ma grande fureur encore en pantalon court), long brassard en dentelle sur le bras gauche, impeccablement coiffé et brillantiné. Mon meilleur ami, Armand, s'évanouit parce qu'il croit avoir mordu l'hostie. « Judas » passe toute la cérémonie à mâcher du chewing-gum. Pour ma part, j'ai charge de réciter un long texte, à genoux, face à l'autel; ma mère m'a fait si bien réviser que je ne trébuche pas sur un seul mot; ma voix résonne clairement dans le silence de la nef; telle aura été ma première intervention publique; à l'issue de la messe, on me félicite comme si je venais de réaliser une prouesse de théâtre ou de forum.

— Du haut de la chapelle de la montagnette, la vue sur les toits rouges et les façades grises, sous un impeccable ciel bleu, tandis qu'au loin, se dessine la ligne bleue de la Méditerranée, en dialogue éternel avec nos Pyrénées; les vergers chargés de fruits; le cahier des vignes; sur l'autre horizon, le mont Canigou, avec ses neiges bleues.

— Les jeux à travers le dédale magique du château fort qu'aucun touriste ne vient alors nous disputer, à la seule rencontre des fantômes des temps lointains, les seigneurs de Majorque, les arbalétriers d'Aragon, les arquebusiers de Richelieu, les empoisonneuses qui voulaient la mort de Louis XIV, peut-être le masque de fer lui-même, en attendant les soldats de l'an II qui y ont tenu garnison, et les tirailleurs sénégalais du 24e.

— On sulfate et on soufre. Dans la première opération, sulfateuse sur le dos, jet aspergeant à la main, vous virez en quelques heures à l'homme vert. Dans la seconde, soufreuse aux doigts, vous devenez tout jaune. Ainsi apprenez-vous à connaître l'existence et la malfaisance de monstres minuscules, invisibles et implacables qu'il vous faut neutraliser à tout prix. Ainsi combattez-vous le mildiou et l'oïdium. Il faut agir vite : le village doit avoir traité tout son vignoble en à peine quelques jours. Salses n'a pas oublié ce qui aura été le cauchemar des cauchemars : le phylloxera. Ce damné puceron parasite – *Phylloxera vastatrix* – s'introduisit accidentellement en France par des plants américains vers 1865, et, s'attaquant aux racines des ceps, détruisit quasiment tout le vignoble français. Le Roussillon n'échappa pas à la catastrophe. A Salses, aucune vigne ne survécut. Le fléau s'abattit sur le secteur dans les années 1880. « C'était pire que la défaite de 1870, raconte Papa Arthur. Tout le territoire était champ de cadavres. La plus méchante des grêles n'a jamais fait autant de mal. La ruine, la ruine... » On ne ressuscita la morte qu'en greffant nos cépages sur des plants... américains qui résistaient à l'ennemi. Le salut vint du pays même d'où était venue la mort. Simplement, on apprit à greffer l'aramon ou le carignan sur des plants rupestres. « Le vigneron se fit chirurgien », dit Papa Arthur. Le village garde de cette époque un souvenir qui ne s'atténue pas. Autant trembler de voir revenir des Martiens dévastateurs. On ne s'emploie qu'avec plus de zèle ou de hargne contre tous prédateurs de la vigne.

– Les fontaines poissonneuses de Fontdame ou de la Rigole, propriétés privées, mais où je puis aller souvent voir piéger les muges. Autres noms usuels : mulets, meuilles, mujons. Il s'agit de poissons de lagune, fusiformes, couverts de larges écailles arrondies, argentés, d'assez grande taille, qui se plaisent surtout dans les eaux saumâtres. A certaines périodes de l'année, ils quittent l'étang pour s'engager dans des canaux qui sillonnent le marais. Une fois l'itinéraire accompli, on bloque les issues et on place de larges nasses. Autant disposer d'une réserve de bétail de mer – une véritable bénédiction pour le village quand, durant la guerre mondiale, viendra le temps des restrictions. Meilleure préparation : la grillade sur un feu de bois, avec une pointe d'ail et un parfum d'huile d'olive. La chair, blanche, est savoureuse. J'adore déambuler le long des eaux vertes, où, avec les poissons, ondulent des algues brunes. Un grillon pousse sa plainte amoureuse. Des grenouilles sautent de-ci de-là. Des papillons se promènent. Des criquets jouent. Le ciel est pur de tout nuage. C'est la paix sur terre comme si les hommes n'existaient pas, ni les problèmes. Soudain, Black fait se soulever une bécassine, qui s'enfuit en zigzaguant. Ou un vol d'étourneaux s'arrache d'un saule à vif froissement d'ailes, dessine des arabesques tournoyantes, s'en va s'abattre sur un saule plus lointain. On croirait percevoir la respiration même de la terre. Ou un petit oiseau vous regarde, d'un œil mutin, avant de disparaître sous les joncs. Je n'éprouverai pas plus intense plaisir quand, dans vingt ans, je ferai des reportages sur les grandes chasses d'Afrique, hanterai les rives du Niger, regarderai jouer les hippopotames, poursuivrai à la trace des troupes d'éléphants, découvrirai des oiseaux au plumage féerique.

— Les mouches. Elles pullulent. Elles constituent l'un de nos cauchemars. Sans doute est-ce dû au manque général d'hygiène, au grand nombre d'écuries et à la présence de plusieurs troupeaux dans le village même. En tout cas, en particulier en été, la ronde est quasi infernale. Le bourdonnement est continu. On suspend au plafond de longues bandes de papier recouvertes de glu, où se piègent les damnés volatiles (il faut les renouveler plusieurs fois par jour). A table, la famille dispose d'un bouquet de fines bandes de papier journal, accroché lui aussi au plafond par une ficelle, et on la balance les uns aux autres au-dessus des plats. On apprend certes tôt à détester toutes « méchantes bêtes », à savoir les rats, qui grouillent dans les granges, les taons, qui sont particulièrement à redouter quand on va à la vigne (et que, bien plus tard, je verrai sévir, par bandes, contre les très distingués joueurs du golf de Megève, malencontreusement situé parmi les pâturages, preuve que le taon ignore la lutte des classes), les scorpions, hideux, jaunâtres, qui se nichent dans les réserves de fagots, les vipères de jardin, les guêpes, les puces (même si *hiha moltas maneres de matar puces*, même s'il y a maintes manières de les tuer), les nuées de moustiques qui, en septembre, harcèlent cruellement les vendangeurs et plus encore les vendangeuses, lesquelles ont peau plus tendre. Mais nos petites mouches noires sont notre constante hantise. A se demander comment nous finissons par nous habituer à leur acharnement à nous poursuivre, à en prendre notre parti. « Un paradis n'est jamais absolument parfait », aime dire Papa Arthur. Il doit alors penser aux mouches.

– Dieu merci, pour nous consoler des sales bêtes, nous avons toutes sortes de « bêtes gentilles », les lézards gris, *singlantanes*, qui courent sur les murailles; les lézards verts, qui adorent l'herbe du matin; les grenouilles, grosses perles d'émeraude, qui naviguent sur de larges feuilles des ruisseaux; la coccinelle, la « bête au bon Dieu »; les cigales sur leurs amandiers; les grillons qui donnent l'aubade à la primevère; les élégants menus criquets; les fourmis, dont nous pouvons durant des heures scruter le patient travail; des papillons de toutes les couleurs. Et nous avons les oiseaux, nos amis les oiseaux (comment donc concevoir que de vilains garnements jouent à capturer les oisillons blottis dans des nids sur les cyprès?), les hirondelles qui marquent les changements de saisons; les moineaux, hôtes de nos platanes, qui jouent dans nos rues à picorer le crottin des chevaux; l'alouette, qui chante quand elle monte, telle une flèche vers le ciel; la mésange, qui adore le pommier et le poirier, la mésange aux joues blanches, la mésange charbonnière et la mésange nonnette, sous tous ses noms notre diva; l'enchanteur rossignol, qui raffole de cerises, même amères, qui peut pousser ses merveilleuses chansons de nuit comme de jour, ce si cher rossignol à queue roussâtre. Les chants vous accompagnent à travers les marais ou les jardins comme à travers les montagnettes sèches des Corbières. Dialogue avec ma mère : « Dis, maman, pourquoi les gentils oiseaux mangent les gentils papillons ? – Qui donc t'a raconté une telle horreur ? Les oiseaux ne mangent que les bêtes qui piquent... »

– Les superstitions. Pour rien au monde, nos

femmes ne ruseraient avec elles. Ainsi est-il recommandé de ne pas se marier en novembre, le mois des morts. On ne se coupe jamais les ongles le vendredi : cela porterait malheur; il est fortement conseillé de les couper le mercredi, jour de porte-santé. Déjà enfant, je ne saurais sortir sans porter sur moi une médaille de saint Christophe, protecteur de tous voyageurs. On ne jette pas un seul morceau de pain, ce premier don du bon Dieu : on donne les quignons qui restent à nos poules ou à notre... cochon. On ne tue pas une araignée le soir, parce qu'elle porte alors l'espoir. On doit boire un grand verre d'eau ou de vin après la soupe, car, comme le dit le proverbe : *qui desprès la sopa no beu, s'apropa del tumul seul* – qui ne boit pas après la soupe, approche de sa tombe. On ne mange jamais de melon le soir parce que, comme le dit un autre proverbe : *el melo al mati és or, a la tarda és plata, i al vespre mata* – le melon est de l'or le matin, de l'argent l'après-midi, et le soir il tue. On se signe tous (sauf mon père, qui a des principes rigoureusement laïques) si une salière se renverse : pour exorciser les démons qui, dès lors, menacent. Quand viennent des cousins ou des invités, pour rien au monde on ne se mettrait treize à table. (Et, devenu historien, il ne m'échappera pas qu'au repas où est signé le triste traité de Yalta, Staline, Churchill, Roosevelt et leurs collaborateurs immédiats seront treize!) Quand on entre dans une maison amie pour la première fois, bien veiller à poser d'abord sur le seuil le pied gauche – celui du côté du cœur...

– Les incendies. C'est la terreur. Le village a si souvent flambé à travers les siècles! Le subconscient collectif doit en garder la marque. Nous avons le plus souvent des « feux de cheminée », mais, autour de 1930, j'aurai vu aussi s'écrouler sous les flammes une grange à foin et une bergerie. Le tocsin donne l'alarme. Aussitôt, toute la population s'assemble. Malheureusement, nous manquons de moyens de lutte. La municipalité a acquis une pompe à un seul tuyau du type le plus rudimentaire. Nous ne devons pas être mieux équipés que les Gaulois ou les Mérovingiens. L'autopompe sera pour bien plus tard. Notre pompe, tractée par le cheval municipal et sous responsabilité du garde champêtre, a des pistons actionnés à main d'homme. Le jet est maigre. Le réservoir d'eau abreuverait à peine dix ânes. Alors, hommes, femmes et enfants, on fait la queue entre le feu et une fontaine. On se passe des seaux d'eau de main en main. Les plus costauds, à perdre haleine, se relaient pour actionner le levier de la fontaine ; au terminus, d'autres balancent l'eau dans le brasier. Du moins, dans les deux cas graves dont j'aurai été le témoin, avons-nous pu protéger les immeubles voisins du lieu du sinistre. Du moins aussi aurons-nous pu prendre conscience de la force de notre esprit communautaire. C'est dans de telles situations que l'on peut vérifier que le terme de « village » a le plus fort sens familial.

– L'inondation. Cela peut vous paraître bizarre, d'autant plus que Salses est le point de France où il tombe le moins d'eau par an (les plus fortes pluies étant pour le mont Aigoual, dans le Gard). C'est que nos pluies sont concentrées sur sept ou huit jours d'affilée, et il s'agit de chutes dignes de la mousson. Du coup, en quelques heures, nos oueds des Corbières se transforment en torrents.

Ils peuvent donner lieu à des invasions d'eau d'une puissance inouïe. A son de trompe, le garde champêtre avertit que « l'eau rouge descend » – rouge parce que les eaux arrachent des pans de terre argileuse. Les maisons les plus exposées – situées en contrebas de la commune – se barricadent derrière de fortes planches, vouées à éviter autant que faire se peut l'inondation des celliers. Effectivement, le flot surgit en tumultes et tourbillons, et traverse tout le village pour aller se perdre dans les jardins et les marais. Certaines rues sont sous plus d'un mètre d'eau. Il arrive souvent qu'on doive aller secourir les habitants les plus menacés. (Nous avons tout un groupe de volontaires à cet effet.) Puis, avec la même soudaineté que les orages sont venus (à grand fracas de tonnerre), notre beau temps nous revient, avec notre « ciel toujours bleu ». A nouveau, les oiseaux chantent, les enfants jouent, et les hommes s'en vont de talus en talus ramasser les escargots. Car, comme le dit encore l'un de nos plus chers proverbes :

> *El cargol surt quan plou*
> *i l'home quan fa sol.*

(L'escargot sort quand il pleut et l'homme quand il fait soleil.)

– La guerre des cloches. Elle dut se livrer vers 1910. Jusque-là, le village n'avait que la cloche de l'église, pour sonner les heures, le glas et le tocsin. Les anticléricaux imposèrent au Conseil municipal d'acheter une cloche pour la mairie. Ainsi voulu, ainsi fait. Nous voici avec une cloche catholique et une cloche laïque – qui n'appelle pas aux messes et ne sonne le glas que pour les enterrements civils. Principal inconvénient : c'est à laquelle annoncera l'heure avant la concurrente. Il arrive ainsi que Salses puisse être de dix minutes en avance sur le temps officiel.

– Les conversations avec Monsieur Brégoulat. Par exemple, durant les vacances de Noël 1936. Le vieux sage est assis tout pensif dans son fauteuil préféré. Il m'a offert, en cadeau traditionnel, un gros recueil contenant tout le théâtre de Victor Hugo, ainsi qu'*Au soir de la pensée*, deux imposants volumes où Georges Clemenceau a dit « condenser » toute sa pensée politique et philosophique. Tout en dégustant un muscat de Rivesaltes, nous écoutons le journal de *Toulouse-Pyrénées*, devant un poste « dernier cri » à galène que surmonte une monumentale antenne rectangulaire toute quadrillée de longs fils. A intervalles, nous devons orienter l'antenne, qui tourne sur elle-même, pour obtenir un son plus ou moins convenable. Du moins, car nous n'avons pas de poste à la maison, puis-je ainsi entendre pour la première fois des bulletins d'information. La France est en train de traverser une morne période. Le gouvernement du Front populaire est à bout de souffle. Léon Blum refuse toute intervention armée au profit des républicains espagnols en guerre civile contre les troupes franquistes : pour sa politique de « non-ingérence » il est dès lors l'objet d'âpres attaques ; d'un côté, à droite, on lui reproche avec violence les entorses qu'il lui arrive de laisser faire à cette non-ingérence en faveur des « rouges » ; de l'autre, on dénonce ses « honteuses complaisances pour les fascismes ». Autant que l'affaire d'Espagne, la question financière suscite de terribles embarras au « ministère des masses ». Dès septembre, le Trésor s'est trouvé menacé de ne plus pouvoir faire face à ses échéances. Le gouvernement a dû dévaluer de près d'un tiers, alors qu'en juillet Vincent Auriol, ministre des Finances, proclamait que « tout danger de dévaluation était écarté ». Le franc Poincaré est ruiné. En vain *Le Populaire*, organe du parti socialiste, s'efforce-t-il de démontrer que la dévaluation n'a été qu'une simple mesure d'ordre international tendant à aligner le franc sur la livre et le dollar. Presque partout ailleurs on s'indigne. « Les dévalueurs dévalués », ironise l'hebdomadaire de droite *Candide* et *L'Action française* imprime en gros titre : « A bas les voleurs! » Jusqu'au sein du Front populaire Léon Blum est attaqué : les journaux radicaux sont très virulents et la très communiste *Humanité* estime honteux qu'au lieu de dévaluer on n'ait pas fait « payer les riches ». Le nouveau franc, dit « franc Auriol », n'inspire aucune confiance. Le ministère a perdu, auprès même de sa majorité, beaucoup de son crédit, tandis que Pierre Cot, ministre de l'Air, est accusé par *L'Écho de Paris* d'avoir livré aux Soviétiques les secrets d'un canon d'aviation et que *Gringoire* poursuit une implacable campagne contre le ministre de l'Intérieur, Roger Salengro, qu'il accuse, étant en 1919 cycliste d'infanterie, d'avoir déserté à l'ennemi pour lui livrer des renseignements – à la suite de quoi, atteint de dépression, Salengro se donne la mort dans son domicile lillois. Tout est au marécage et à l'aigreur. Et les capitaux s'évadent. Et l'or se cache. Et l'économie française reste stagnante en un monde qui, partout ailleurs, est complètement sorti de la crise. Et les grèves succèdent aux grèves. Léon Blum semble même parfois à bout de nerfs. L'opinion est toute désorientée. Ils furent si grands, si étincelants, les espoirs portés par le Front populaire ! La déception n'en est que plus amère. « La tramontane ne souffle plus du même côté – commente Monsieur Brégoulat. La situation est trop difficile à redresser. Dans des cas comme celui-là, la seule issue est de changer de têtes. La France, à l'inverse de l'Angleterre, n'a jamais su vivre dans la défaite. Il nous faut maintenant trouver au sommet des visages moins tristes. » De surcroît, face à cette France marécageuse, empêtrée dans d'irritants problèmes, se campe un Adolf Hitler dans la pleine maîtrise de ses ambitions, que tous les triomphes accompagnent. Son Allemagne paraît aussi dynamique que la France semble épuisée. Précisément, dans le bulletin, nous venons d'entendre quelques phrases du Führer. Peu importe le délire du frénétique. La voix, qui roule les tambours et fait éclater les cuivres, a une extraordinaire puissance envoûtante. Elle est forte d'un magnétisme secret qui, face à elle, rend vaine toute dialectique. Monsieur Brégoulat dit : « Il déchaîne des forces du fond de la terre. Cet homme-là est un réveilleur de volcans. Il déchaîne des torrents de laves et de haines qui, un jour, le submergeront lui-même. Sauf qu'avant sa fin on aura vu mourir des millions d'hommes. » Un silence suit entre nous, tandis que, sur les ondes, on nous annonce les programmes du soir. Les temps font alors la fortune des chansons de Mireille et de Jean Nohain, des romances de Jean Sablon et de Tino Rossi, des auteurs des premières pièces de théâtre radiophoniques, des feuilletonnistes qui, par exemple avec *La Famille Duraton*, surprennent la France entière, à l'heure du repas du soir, pendant quelques minutes d'écoute, par le récit d'une sorte de chronique familiale assez cocasse. C'est aussi l'époque des premiers jeux radiophoniques, des « radio-crochets », des réclames dont tous les gosses répètent les slogans. Valery fait réciter de la poésie à Marie Marquet. Charles Trenet fait ses débuts. La France découvre Edith Piaf. Monsieur Brégoulat, lui, hoche la tête et grogne dans sa barbe : « Éteins, demande-t-il, tourne le bouton. Tout ça, chansons, jeux, feuilletons, réclames, c'est le nouvel opium inventé pour " endormir " les peuples. La radio va nous amener à la tuerie en chantant. » Je tourne à regret le bouton. Je regarde le bon visage soudain attristé du personnage. Il ajoute : « En vérité, les plus belles guerres sont celles qui n'ont jamais lieu, celles que des hommes sages et prévoyants savent éviter par avance... Est-ce possible alors que l'Allemagne a Hitler et la Russie Staline ?... L'un est fou furieux ; l'autre fou glacé. Les destins les ont inventés pour un rôle contre lequel les sages n'ont guère de prise... C'est curieux, on va à l'inévitable, et on ne le dit qu'à voix basse... » Je rappelle qu'à l'époque où il n'y avait pas la radio, on pouvait aussi aller à la mort en chantant. La préface à la Grande Guerre s'appela la Belle Époque. Il sourit : « Il n'empêche, dit-il, que ça me fait peur, toute cette radio. Je n'envie pas ta génération. La radio va nous fabriquer des générations de sourds, ou d'automates, qui n'auront plus tous leurs sens pour juger... » Bien sûr, je concentre là arbitrairement dans une seule scène des réflexions entendues au cours de nombreuses rencontres. Mais c'est pour mieux faire apparaître encore l'extraordinaire sagesse (au sens le plus fort et le plus large) des élus de province, des élus de la terre. Et, croyez-m'en, longtemps encore après sa mort, j'évoquerai souvent cette grave voix rauque me disant : « Écoute, petit, si un jour tu me remplaces comme maire de Salses et si tu réalises les travaux de modernisation que, de mon temps, il n'est pas de mode de faire, écoute-moi bien : tiens-toi rigoureusement à l'écart des entrepreneurs qui auront sousmissionné ; n'accepte pas de leur part la moindre invitation à déjeuner ; si tu déjeunes avec eux, paie de ta poche et garde la facture. » Ou encore : « Tu sais, en politique, pour être habile, il ne faut pas vouloir l'être. La vérité est celle des hommes qui dorment bien, qui sont en repos avec leur conscience. Non qu'il faille être des angéliques. Je ne te recommande pas d'être naïf. Après avoir reçu un uppercut, aucune règle morale ne t'interdit d'envoyer un direct. Je dis bien : un *direct*. Mais je connais trop de contorsionnistes qui pratiquent la ruse pour la ruse. Des piégeurs. Sans foi ni loi. Ils n'ont aucune colonne vertébrale ; en politique, ils ont une étiquette, et non une conviction ; ils ne sont ici-bas que pour tromper. On arrive tout de même à savoir ou du moins à percevoir ce qu'ils valent. Bats-toi, si tel est ton destin, mais ne pratique jamais le croc-en-jambe. » Et aussi : « Je sens qu'un jour tu feras de la politique. J'y aurai eu moi-même quelque responsabilité. Mais tu auras tort. Sois plutôt tranquillement professeur. Lis Voltaire. Taquine la plume. Ne te laisse pas embarquer dans le forum. Pour faire de la politique, il faut être célibataire. Comme moi.

La famille d'un combattant politique peut être très malheureuse, surtout si l'on est surpris dans un typhon. Ou alors, si tu n'écoutes pas mon conseil, si tu fais tout de même de la politique, si tu fondes tout de même une famille, fais en sorte de la garder à l'abri, derrière des remparts que les rumeurs et les vilenies ne pourront jamais surprendre. » (Je me souviendrai d'ailleurs toute ma vie de ce conseil.) Ou enfin : « La politique... la politique... Un jour, grâce à Jean Payra (député-maire de Perpignan), je me suis trouvé à la table de Léon Blum, à Narbonne. J'étais assis à côté de lui. Éblouissant. L'intelligence la plus fine qui se puisse rencontrer. Très curieux : une pensée très virile avec des manières presque féminines. Il nous a fait la démonstration que Hitler se ferait vite dévorer par les siens. Il parlait de l'univers comme nous, nous parlons du village. Je comprends qu'à ce haut niveau, on puisse se passionner pour la politique. On peut aussi s'y passionner quand on sert un village, un canton, un département, au plus près des populations. Disons que c'est beau, la politique, au niveau de l'idée pure et au niveau des cœurs purs. Mais, entre les deux niveaux, il y a les intermédiaires – des gens qui tueraient père et mère pour assouvir les plus mesquines ambitions, trop de gens qui manient exclusivement l'intrigue, la calomnie, le cynisme. Je sais bien que rien n'est plus beau que la démocratie. Il est juste que des hommes de bien s'y consacrent. C'est utile. On peut remplir une belle vie avec le service public. Mais j'aime mieux t'avertir, si tu fais de la politique un jour, prépare-toi à connaître beaucoup de poux, beaucoup de chacals. Je voudrais tant que tu ne sois pas trop malheureux. »

– L'école. Les meilleures places sont près du poêle. C'est que, l'hiver, nous avons les doigts si glacés que nous pouvons à peine écrire. Papa Arthur me raconte que, de son temps, dans les petites classes où les cours étaient mixtes, les garçons, pour réchauffer leurs mains, n'avaient pas trouvé meilleur moyen que de les glisser sous les fesses des filles. « C'était pratique ; de honte, elles ne disaient rien. » Mais les jours de grand froid sont rares sous climat méditerranéen (il neige à peu près une fois tous les cinq ans). Il s'agit là de notre unique épreuve. Pour le reste, nous vivons au rythme de l'école française la plus traditionnelle. La chaire de l'instituteur domine de très haut nos étroits pupitres. Un large tableau noir couvre tout le mur dans le dos du maître. Sur les autres murs figurent les reproductions classiques : une carte de France ; des animaux de la préhistoire ; des plantes ; une scène de poilus tapis dans une tranchée. Nous écrivons à la plume – « gauloise » ou « sergent-major ». Chacun de nous a son encrier, fixé dans son pupitre. Du coup, nous avons tous les doigts de la main droite continuellement tachés d'encre noire. (Les gauchers n'ont alors pas le droit d'être gauchers.) Nous sommes tous en blouse noire ou grise. La discipline est sévère, sans jamais être torturante. La gifle est fréquente, y compris pour une inadmissible faute d'orthographe ; elle ne fait jamais scandale. Seuls supplices éventuels : un coup de règle sur les doigts ou une heure au piquet, les mains croisées sur la tête. Une récréation de dix minutes – sous le préau – coupe la matinée et l'après-midi. On ouvre par l'« instruction civique ». On termine par l'histoire ou la botanique. Si la classe a été particulièrement méritante, elle a même droit, chez Monsieur Carrère, à un régal : ancien prisonnier de guerre, il nous raconte, avec force détails et force gestes, comment il fut fait prisonnier au fort de Vaux puis s'évada. Nous nous appliquons tous. Le zéro faute à la dictée est chose courante. Nous savons tous impeccablement réciter notre table de multiplication. Nous ne nous débrouillons pas mal dans les problèmes des trains qui se rencontrent et des réservoirs qui se remplissent. Nous sommes tous capables de citer les plus grands « mots historiques » et de réciter par cœur les cinq comptoirs français de l'Inde – Pondichéry, Chandernagor, Karikal, Yanaon et Mahé. Nous apprenons consciencieusement nos fables de La Fontaine. Le « chahut », nous n'en aurons jamais entendu parler. La seule tricherie que nous nous permettions porte sur le catalan : comme il nous est strictement interdit, même en rédaction, d'utiliser le moindre mot de la langue catalane, nous nous livrons, à mi-voix, à de subtiles contrebandes de catalanités...

– La chasse « aux objets historiques ». Quand, durant toute une semaine, des orages se sont déchaînés et que nous sont venues des pluies littéralement équatoriales, il m'arrive d'aller, dans les environs du château fort, ramasser des objets des vieux siècles. Cette terre n'est-elle pas chargée d'histoire ? Précisément, les fortes pluies ravinent le sol, emportent des boues argileuses, peuvent avoir libéré de leur prison telle ou telle chose perdue. Tandis que la plupart des hommes du village s'en vont alors « ramasser des escargots », trop heureux de quitter leur cachette et de glisser sur les herbes fraîches, nous sommes quelques-uns à essayer de trouver ou un reste de lampe romaine, ou une arme du Moyen Age, ou un casque qui a survécu à son légionnaire. (Un de mes amis en pourra même constituer un musée.) Sur notre cheminée, de tels objets prendront ainsi place entre les douilles des obus, toutes dorées, ramenées du « front » par mon père. J'adore cette quête. De pas en pas, je n'arrête pas de rêver. Je ne fais point que chercher épaulières, cubitières, gantelets, genouillères ou solerets des harnois de guerre. Je ressuscite des ombres. Par ici défilèrent des légions romaines impeccablement alignées derrière leurs aigles, des cavaliers arabes, des chevaliers de Charlemagne (toute une thèse existe pour démontrer qu'il faut situer Roncevaux en Roussillon : le feuilleton de la controverse n'est pas près de se terminer), des hallebardiers des rois de Majorque, des mousquetaires de Louis XIII, des dragons de Mazarin, des armées de sans-culottes, des soldats du deuxième Bonaparte (d'un maire bonapartiste, la commune garde même des noms de rues à la gloire de l'Empereur, Austerlitz, Rivoli, Arcole, etc.). A présent, sous les remparts sévères, il n'y a plus que cette immense paix succédant à l'orage. Comment penser, en 1929 ou en 1934 que, sous quelques années, surgiront à leur tour les blindés et les casques ronds des nouveaux Ostrogoths ? Tout ne porte qu'à la rêverie douce. L'imagination ne recrée pas des guerres, mais un bal. Je fais halte près d'un amandier tout maigre qui tient compagnie à un plantureux olivier : je pourrais croire retrouver le dialogue éternel entre don Quichotte et Sancho Pança. Non. Il vient un moment où je préfère évoquer des rondes de jeunes filles, des chants de vendangeurs, des chœurs rendant hommage aux splendeurs du Canigou. C'est stupide, mais c'est ainsi : le silence est si grand que l'on en vient à croire la paix éternelle... Même si je ne trouve à peu près sous mes pas que des restes d'objets de guerre...

– La paix du laboureur. D'une main ferme, il serre le manche de la charrue ; de l'autre, il tient les rênes. Ses gros souliers s'enfoncent dans la terre molle du sillon que creuse le soc. Pour le labour d'hiver, surtout quand rage la tramontane, il porte un lourd capot de laine, de couleur marron, qui descend jusqu'à mi-mollet et qui est pourvu d'un bien précieux capuchon. Pour le labour des chaleurs, il arbore, sur le pantalon de gros velours, une chemise à larges carreaux, coiffe une casquette plate ou un béret basque, et noue un mouchoir autour du cou. Le cheval – qui doit s'appeler Bijou, ou Mignon, ou Prince, même s'il devrait s'appeler Patapouf, ou Colosse, ou Hercule, tant il peut être musclé et puissant – avance d'un sabot sûr, comme à pas comptés, sans dévier d'un centimètre de la ligne droite qui court entre les deux rangées de souches. Il est noir, ou bai ou gris pommelé. Les muscles des épaisses cuisses saillent. Il avance irrésistiblement, balançant l'encolure, ne s'ébrouant que pour chasser les taons qui le harcèlent. Les « mauvaises herbes », coupées net, s'affaissent de part et d'autre de la lame. Homme et animal ne font qu'un. L'image est peut-être encore plus belle que celle du hussard ou du gentilhomme sur son alezan. On n'entend que le souffle du cheval et le chant des oiseaux. Tout le paysage est au silence de Dieu. Tout au bout du sillon, il n'y a plus qu'à soulever la charrue, faire virer lentement le cheval et attaquer un nouveau passage. On ne s'arrête que pour laisser souffler la bête, ou rouler une cigarette. Tout est beau, ce travail cadencé, la communion de l'homme et du cheval, le soc contre l'ortie, l'alignement impeccable des ceps, l'alouette qui grisolle, la ligne des cyprès protecteurs, les coquelicots jouant sur les bords des chemins, toute la paix du monde...

– L'histoire de la rivière enchantée, racontée en catalan par Marraine Marie. Il était une fois au mas Lacombe, sur la montagnette, là même où se bâtira la chapelle en mémoire d'une apparition de la Sainte Vierge (Marraine Marie se signe trois fois), un pauvre pâtre et sa femme – que Dieu les ait en Sa sainte garde au paradis – qui, pour subvenir au besoin de leurs neuf enfants, n'avaient plus que neuf chèvres. Neuf chèvres, c'était de beaucoup trop peu. Le pâtre en avait possédé bien davantage, je crois : quarante-deux. Mais la maladie était venue. Seules, ces neuf-là avaient survécu, comme quoi elles n'arrêtaient pas de sonner le glas, de leur voix bêlante. Neuf : Biquette, Coquette, Omelette (oui, oui, rousse comme une omelette), Mariette, Mignonnette, Pâquerette (même si c'était celle qui sentait le plus fort), Frisette, Mofette (la plus taquine) et Montagnette (parce qu'elle avait le sabot le plus habile pour escalader des pentes à cailloux). Le pâtre, lui, s'appelait Joseph (Jepe en catalan), tout comme le pauvre mari de la Sainte Vierge (Marraine Marie fait encore trois fois le signe de la croix). Sa femme avait été baptisée Monserrat (en hommage à la protectrice de Barcelone), mais tout le village l'appelait la Bepa : c'est comme ça dans le pays, beaucoup de gens ont deux prénoms, le prénom de baptême et le prénom de la coutume. Donc, le pâtre Joseph était désespéré de ne pouvoir donner à ses enfants que du pain, cuit par la Bepa, du persil et des oignons. Le lait des chèvres, il fallait bien le vendre, pour acheter de la farine et de la laine à tricoter. Alors, on s'adressa à tous les saints du ciel. On alla allumer un cierge à saint Matthieu, le plus paysan des évangélistes. La Bepa alla faire une prière spéciale à l'archange Gabriel, protecteur des faibles. Tous les soirs, elle récita trois chapelets pour obtenir la bénédiction de sainte Madeleine, celle qui fait tout pardonner. Elle pleura dignement, sans sangloter, face à la statue de saint Jean, le plus doux des apôtres, et à celle de François d'Assise, qu'on cite comme l'ami des agneaux et des chevreaux. C'est la Bepa qui fut récompensée. Au plus profond de son sommeil, elle fut visitée par un saint sans nom, tout de blanc vêtu, chaussé d'hermine et coiffé d'une haute mitre couleur de lait. Saint Innocent peut-être. Ou saint Benoît, du nom de notre estimé pape Benoît XV. Ou allez savoir. « Tu as bon cœur, déclara le saint tout blanc à la Bepa. Tu as l'âme aussi pure que l'eau de source. Tu trouveras remède à tous tes maux, si tu sais trouver la rivière que nul n'a vue, la rivière enchantée. Simplement, je puis t'indiquer que tu dois chercher du côté de la Croix-Rouge... » La rivière enchantée, c'est de toute éternité la rivière souterraine, qui s'alimente des eaux des hauteurs d'Opoul et de Tautavel, et qui aboutit au gouffre insondable de Fontdame. Dès le lendemain matin, avant même l'aube, encore sous la caresse des étoiles, le pâtre Jepe et sa Bepa partirent en conséquence pour la colline de la Croix-

Rouge, celle qui se découvre, toute modeste, toute rouillée, entre le mas Péchot et le mas Llobet. Vous pourriez penser qu'ils auront été eux aussi guidés par une étoile, comme les bergers de Bethléem. Ils avaient même le sentiment d'être conduits par une main invisible. Ils pensaient : « Comment donc imaginer une rivière enchantée, sur cette terre sèche, qui n'a que des rocs et des cailloux ? Ne faisons-nous pas fausse route ? Ce saint n'était-il pas un fantôme ? » Mais la main était bel et bien là, qui les entraînait, sa pression ne cessa que près d'un épais roncier à mûres, qui montrait hargneusement ses épines. C'est sans doute là, prononça la Bepa. Le pâtre Jepe, avec son bâton, écarta alors les ronces. Ils virent devant eux s'ouvrir une grotte, que pourtant nul au village ne vit jamais. « Et nous n'avons pas pris la lanterne », se lamenta le pâtre Jepe. Ils n'en décidèrent pas moins de s'avancer dans cette caverne. Au début, ils marchèrent à tâtons, en s'appuyant des mains sur les murs, même terrorisés à l'idée de se risquer dans un antre de chauves-souris ou d'on ne sait quels dragons. J'ai grande peur, dit la Bepa. Mais soudain, par bonheur, une étoile brille au fond du couloir noir. Et elle marche. (Marraine Marie se signe trois fois encore.) Eux n'ont plus qu'à la suivre. Autant obéir à une fée. Merveille des merveilles, leurs pieds cessent de buter sur des cailloux trop ronds ou trop pointus. A présent, ils ont sous le pas un tapis de mousse. Puis, ils cheminent, extasiés, entre deux haies de roses, puis entre deux haies d'œillets mauves, puis entre deux haies de géraniums. Puis ils rencontrent des fleurs inconnues, d'un indicible parfum, encore plus embaumées que le jasmin ou la lavande. « Ne serait-ce point le paradis ? » fait la Bepa. Lui est trop troublé pour trouver le moindre mot de réponse. Des treilles apparaissent, avec des grappes de muscat toutes dorées – de muscat d'Alexandrie, les plus grosses, cousines de celles que les mécréants dénomment *tetas de monja* (nichons de nonnes). On passe sous des toits de cerises encore plus rouges et rebondies que celles de nos cousins de Céret, entre des murs de figues, et des murs de pêches, et des murs de fruits inconnus. L'étoile avance toujours. On trouve des prodiges et des trésors à chaque pas. Des mésanges chantent. Des rossignols répondent. Un violon roucoule. Enfin, on arrive à une plage de sable blond, et on aperçoit la rivière. Elle n'est pas large. Elle n'impressionne pas. Il ne s'agit pas d'un fleuve géant. Mais elle roule des eaux d'une indescriptible beauté. Elles sont à la fois bleues et vertes. Une sorte de soleil de nuit joue avec leurs ombres. Et elles s'écoulent avec une musique qui ronronne. Le pâtre Jepe et sa Bepa tombent à genoux. Ils se penchent. Ils boivent dans le creux de leur main. Ils boivent à nouveau. Des larmes coulent de leurs yeux émerveillés. L'instant est divin. Puis, l'étoile parle. Parfaitement, elle trouve des mots, avec une voix douce comme du miel de nos ruches de la route de Fitou – douce comme de la malvoisie (cépage cousin du grenade et du maccabeu pour faire du vin doux naturel). Jamais nul n'entendit voix plus suave. Je répète le discours qui s'est gardé chez nous d'aïeule en aïeule. « Jepe, tu es courageux, tu fais convenablement ton métier, tu aimes tes bêtes et jamais la jalousie n'entra dans ton cœur. Bepa, à toi seule, comme toutes les vraies mères, tu portes la moitié du ciel.

Continuez simplement d'être aussi simples et purs que vous l'êtes, d'avoir des sentiments aussi beaux que les roses et les géraniums que je vous ai fait admirer. Restez vous-mêmes, aussi solides que ces rocs que vous fouliez, aussi tenaces que le cep qui donne tous les ans ses raisins à la même saison, aussi honnêtes qu'est vraie cette rivière enchantée. Sachez que vous portez en vous une rivière enchantée. Ne la laissez jamais souiller. Dès lors, un jour, la récompense viendra comme d'elle-même. Vos enfants auront de la viande dans leur assiette, du sucre dans leur lait, et de la joie de vivre dans leur regard. Il ne faut jamais désespérer. Seuls perdent la partie ceux qui n'ont pas de rivière enchantée en eux-mêmes, dans leur plus profond secret. Apprenez surtout à vos enfants à révérer leur propre rivière enchantée, et vous verrez comme les fruits viendront, après les fleurs... »
Le pâtre Jepe et la Bepa s'en repartirent comme ils étaient venus. Ils ne furent pas tristes de retrouver les ronciers et les âpres chemins. Ils avaient, au fond de leur âme, gagné un trésor qu'ils ne connaissaient pas... Et le croirez-vous ? Telle est néanmoins la vérité. A peine arrivés au mas Lacombe, ils trouvèrent le facteur qui leur apportait la lettre annonçant un héritage : une tante de Fontpédrouse leur léguait, avec un mulet de labour, une maison de montagne et toute une basse-cour, un troupeau de trente brebis, pas une de plus, pas une de moins... Un bon conseil, mes enfants : ne laissez jamais s'égarer la rivière enchantée que vous portez en chacun de vous...

– Le défilé du 14 juillet. Tous les enfants des écoles défilent en tête, accompagnés des maîtres et maîtresses (les vacances s'étalent du 13 juillet au 1ᵉʳ octobre). La fanfare suit (la *cobla* Roquelaure), alternant les hymnes avec des marches militaires. Puis, viennent monsieur le maire et les conseillers municipaux, qu'accompagnent les membres de la Mutualité agricole. Drapeaux largement déployés, on passe par toutes les rues de la commune. Au passage, ils sont nombreux, les chasseurs républicains, sur le seuil ou d'une fenêtre de leur maison, à tirer en l'air deux coups de fusil, sans doute en l'honneur des soldats de Valmy, à moins qu'ils pensent surtout à narguer les royalistes lesquels, ce jour-là, ont fenêtres closes. Sur la place, Monsieur Brégoulat lit son discours de rigueur, inévitablement terminé par le cri du cœur : « Vive la République démocratique et sociale ! » Une vibrante *Marseillaise* retentit. Il est tout près de midi. Il n'y a plus qu'à danser gaiement : sous les guirlandes pyrénéennes, avant d'aller honorer le meilleur déjeuner possible. (Nous, ce jour-là, traditionnellement, nous tuons le coq – le coq seigneur de notre basse-cour – que Marraine Marie excelle à nous servir tout croustillant, accompagné de petits pois au lard et de pommes rissolées. Il aura en vain chanté ce matin son cocorico républicain.)

– Les Corbières parfumées de thym et de lavande où, enfants, nous jouons aux cow-boys, ou bien aux « contrebandistes » catalans de la frontière espagnole, ou bien disputons des combats à l'*espadragade* (pierres lancées avec des frondes) contre les garçons languedociens de Fitou, lesquels ne parlent pas catalan, mais *gabatx* (terme péjoratif utilisé par les Catalans pour désigner les Occitans). Comme quoi, réellement, l'ensemble appelé Languedoc-Roussillon aura été très tardif dans le siècle.

– La cour furtive que nous faisons, adolescents, aux jeunes Salséennes. Obtenir un rapide baiser sur la joue relève de l'exploit. Pouvoir serrer tendrement une main dans la sienne peut porter à extase. Danser une mazurka (c'est la danse de l'amour que, par mystérieuse loi, on exécute avec sa cavalière préférée) et serrer un peu plus que de raison la taille de la bien-aimée, il n'y a pas plus grande ivresse. Coucher avec une jeune fille ne nous vient même pas à l'esprit. Trop heureux si, parmi les feuillages d'une vigne ou dans le secret d'un jardin, nous pouvons exercer nos premières armes avec une veuve ou avec une « gourgandine ». Mais nous n'oserions même pas porter la main sur le sein qui se devine. Au demeurant, la maman de la belle est là, en garde, pour d'un seul coup d'œil décourager tout audacieux éventuel.

– Les parties endiablées de ping-pong (la mode en est encore plus déchaînée que celle du yo-yo) que l'équipe de Salses, dont je fais partie, dispute contre les équipes des villages voisins. Le match contre Claira est particulièrement acharné. Nous l'emportons par six rencontres contre cinq. L'affrontement a lieu dans la salle de bal, sous les ovations ou les vociférations de la foule. « Ma parole, me dit Armand, ils se croient tous à un match de rugby. »

– La cueillette des abricots. J'y suis régulièrement mobilisé. On monte sur l'arbre. On cueille délicatement le fruit en le faisant tourner sur lui-même. Nul besoin de musette ou de panier : on introduit l'abricot dans la large poche que nous fait notre chemise sur le ventre. Jusqu'à avoir un abdomen de femme enceinte. Quand ladite poche est remplie à ras bord, on descend de l'arbre, on dégrafe la chemise et on vide la récolte dans de grandes panières. Et ainsi de suite. Ils sont superbes, nos abricots. De la catégorie « Rouges du Roussillon » ou Bolidas. Mais nous suons tous à qui mieux mieux. Je préfère ne pas penser à l'état de la chemise de mon voisin, de surcroît velu comme un ours. Papa Arthur appelle cela des « abricots assaisonnés ».

– La cueillette des asperges. Il faut avec un couteau couper l'objet en profondeur, après l'avoir dégagé de la terre qui l'entoure. On opère constamment cassé en deux, le nez sur la proie. Il n'existe pire supplice pour les reins. Au bout d'une demi-heure, un terrible étau vous mord. Vous vous demandez si vous pourrez jamais vous redresser. Mais on chante, on chante... Le plus souvent, je pratique ce sport en compagnie de Tante Marcelle, qui a le don de n'être jamais découragée ni pessimiste. De sa plus romantique voix, elle entonne « Je t'ai rencontrée – simplement – et tu n'as rien fait pour chercher à me plaire... » ou encore « Heure exquise, qui nous grise... » Le croirez-vous? Les asperges en deviennent moins antipathiques.

– Le facteur, d'autant plus sympathique qu'il a trois filles charmantes, Titi (Leontine), Simone et Jeanne. Son plus dur travail est de « servir » les mas. Il est tenu de porter tous les jours le courrier à destination, par tous les temps, si loin que ce soit. Dans les années 1920, le service s'effectue à pied. Le facteur n'est doté d'une bicyclette que dans les années 1930. Par bonheur, le courrier est moins abondant qu'il ne le sera. Il n'en demeure pas moins que la besogne est dure. Il n'y rechigne pourtant pas. Et les gens des mas sont souvent la bonté même : ils donnent facilement en prime un saucisson, un lapin ou une douzaine d'œufs.

— Les gendarmes. Deux, bien sûr. Képités et bottés. Ils dépendent de la brigade de Rivesaltes, qui est notre chef-lieu de canton. Dans les années vingt, ils nous arrivent à cheval — ensuite à bicyclette (c'est d'ailleurs beaucoup plus dur, contre la tramontane. « C'est comme s'il n'y avait pas de progrès », a dit l'adjudant). Ils viennent à Salses deux fois par semaine, le mardi et le vendredi. Non que le brigandage sévisse. La nuit, pour la plupart des maisons, on ne ferme pas à clef. La sécurité est pour ainsi dire totale. Il n'y a d'autres larcins que ceux commis par des jeunes gens en fête qui s'adjugent des poules d'un poulailler ou, avec une foëne, piquent un jambon exposé au frais sur une fenêtre. Jamais de plainte. Jamais de drame. Mais nos gendarmes sont surtout de remarquables agents des renseignements généraux. Ils enquêtent remarquablement, « sans paraître y toucher », sur l'état d'esprit des populations. A quelques voix près, pour chaque élection, ils peuvent donner le résultat obtenu par chaque candidat. Il faut sans doute préciser que, comme les hommes sont seuls à voter et que, au café ou à la forge, ils ont tout loisir d'étaler leur opinion, le « sondage » est plus facile que lorsque les femmes voteront, que la population doublera, et que la citoyenne dira moins que le citoyen pour qui elle vote. N'empêche. Nos pandores peuvent admirablement jouer le augures. Ils en arrivent à être encore mieux renseignés que moi, peut noter Monsieur Brégoulat.

— La guerre d'Espagne. On nous a dit et redit mille fois que la Grande Guerre aura été la dernière des guerres, que le spectacle de 1914-1918 a été si atroce que jamais plus on ne pourrait revoir pareille tuerie. Or, voici qu'une guerre éclate à nos portes, de l'autre côté des Pyrénées. Au plus beau de l'été 1936. Depuis qu'en 1931 la République y a été proclamée, l'Espagne n'a connu que des jours agités : émeutes, grèves accompagnées de pillages, manifestations autonomistes en Catalogne et dans les provinces basques s'y sont succédé presque sans interruption. La victoire d'un Frente popular aux élections législatives de février 1936 ne fait qu'aggraver l'ambiance. Aussitôt, on commence à dénoncer des projets de *pronunciamiento* ourdis dans plusieurs milieux militaires pour renverser une République qu'ils disent « dominée et pourrie par les forces anarcho-syndicalistes ». (Il est de fait que, si les communistes sont peu nombreux outre-Pyrénées, les anarchistes y sont extrêmement puissants, en particulier à Barcelone.) L'assassinat d'un des chefs de la droite, Calvo Sotelo, met le feu aux poudres : le 17 juillet, les garnisons du Maroc espagnol s'insurgent et, bientôt, sous le commandement du général Francisco Franco, plusieurs de leurs régiments, espagnols et maures, débarquent en Andalousie, tandis que, simultanément, en Aragon, en Navarre, dans le Léon et en Galice, d'autres généraux se « prononcent » et la rébellion s'étend. Sans guère tarder, la guerre d'Espagne passionne toute l'opinion mondiale, d'autant plus que le dictateur italien Benito Mussolini prend violemment parti, se pose en adversaire irréductible des « démocraties pourries », veut s'imposer comme le champion de la contre-révolution et fournit des armes aux révoltés ; d'autant plus aussi que l'insurrection des généraux se heurte à une résistance inattendue. Le gouvernement républicain réussit à préserver des positions solides à Madrid même, en Catalogne, dans le Levant, en Nouvelle-Castille, à Malaga, aux Asturies et dans la plus large partie du Pays basque. Comme quoi, grâce au matériel que les Soviets fournissent aux républicains, la guerre se prolonge durant trois ans. C'est une guerre atroce. Les pires haines se donnent libre cours. Viennent trop de scènes hideuses. Or voici le plus étrange : le Front populaire de Paris ne se porte pas au secours du Frente popular de Madrid. Même quand Hitler, à son tour, fournit des armes aux insurgés et même quand l'Italie engage dans le combat de prétendus « volontaires » constitués en unités parfaitement organisées (il y aura en 1937 près de 50 000 Italiens combattant en Espagne), même quand il devient évident que l'Allemagne nazie se sert du terrain espagnol pour expérimenter ses chars d'assaut, ses canons lourds et ses avions de bombardement, Léon Blum, d'accord avec le gouvernement conservateur de Londres, opte pour la prudence. Il fait connaître qu'il sera neutre et propose même la création d'un « Comité international de non-intervention ». Du coup, la conscience française est perturbée. A plus forte raison les discussions sont-elles passionnées en Roussillon, sur le seuil de la Catalogne. De plus, la guerre civile, fatalement, donne lieu aux plus abominables excès, avec sanglants règlements de comptes. Du côté « rouge », on incendie les couvents et les églises, on profane des tombes, on massacre des prêtres, on viole des nonnes, en foi de quoi le général de Castelnau clame qu'il s'agit d'« une guerre entre la barbarie moscovite et la civilisation occidentale ». Du côté « nationaliste » on abat sans pitié tous les adversaires pris ou non les armes à la main, en foi de quoi les républicains de France s'enthousiasment pour ces ouvriers et ces paysans mal armés, mal équipés, mal nourris, qui résistent aux troupes disciplinées que jettent sur eux les « forces de la réaction ». Mon petit village n'échappe pas aux passions que le terrible événement (il fera plus d'un million de morts) déchaîne. Il y échappe d'autant moins que de grands écrivains catholiques français, Georges Bernanos, François Mauriac, Jacques Maritain, Emmanuel Mounier, s'attachent à dissocier la cause de l'Église de celle de Franco, et n'hésitent pas à militer contre le franquisme aux côtés d'intellectuels de gauche tels que Guéhenno ou Malraux. En grande majorité, cependant, le village est côté « républicain », même si monsieur le curé est habile à vitupérer les « incendiaires d'églises » et les « bourreaux de religieuses ». Personnellement, j'ai la position « romantique » de la plupart de mes amis : je veux être du camp de la Liberté contre le camp de la Dictature, lequel, de surcroît, entend rayer de la carte la personnalité catalane et va jusqu'à programmer de bannir la langue catalane. Je comprends donc parfaitement qu'en dépit de la politique de non-intervention, le gouvernement français (y compris quand le radical Edouard Daladier succède au socialiste Léon Blum) envoie finalement une aide massive aux républicains espagnols. Durant des années, nous aurons vu défiler sur notre route nationale, direction sud, de longues caravanes de camions ultrachargés d'armement, de munitions et de ravitaillement. En tout cas, nous sommes si passionnés pour tout ce qui se passe outre-Pyrénées que nous en négligerions presque les nuages qui commencent à s'amonceler sur l'Autriche comme sur la Tchécoslovaquie. Mais il nous reste à connaître la guerre d'Espagne sous un autre jour : celui de la défaite et de la débâcle. L'affreuse guerre civile se termine par la défaite des républicains. La dernière grande ville qu'ils tiennent encore, Barcelone, tombe le 26 janvier 1939. Le gouvernement nationaliste du général Franco est dès lors maître de toute la situation. Le gouvernement français accepte même de le reconnaître. Dès les premiers jours de février, notre ministre des Affaires étrangères, Georges Bonnet, charge un grand parlementaire, le sénateur Léon Bérard, de prendre à Burgos l'attache du général Jordana, ministre des Affaires étrangères de Franco. Le 25 février, un accord est conclu qui est entériné par le Conseil des ministres français : la France s'engage à restituer les avoirs espagnols, l'or notamment, entreposés chez elle ; les deux gouvernements affirment leur « volonté d'entretenir des relations amicales et de vivre en bon voisinage » ; le maréchal Pétain accepte, à titre temporaire, la direction de l'ambassade qui est instituée auprès du gouvernement franquiste désormais reconnu *de jure*. La Chambre française donne son approbation par 323 voix contre 261. Unique compensation : les « volontaires » italiens et allemands devront quitter sans délai le territoire de l'Espagne. Les protestations qui s'élèvent se perdent dans le vacarme que provoque Adolf Hitler par ses discours de seigneur de la guerre comme par toutes ses initiatives. Un voile, pudique à force de honte, tombe sur la vaine guerre des républicains. Nous, en Roussillon, il nous reste à assister à l'arrivée des réfugiés, parqués dans des camps improvisés à Argelès et au Barcarès. Premiers cortèges du désespoir, qui, à l'évidence, en annoncent d'autres. A Salses, Monsieur Brégoulat accueille chez lui un ministre du gouvernement catalan, qui arrive sans ressources et dont les filles doivent s'employer comme servantes. On voit des avocats et des notaires s'embaucher comme travailleurs à la vigne. Pour moi, c'est le premier spectacle d'un peuple chassé, d'autant plus malheureux que, réellement, dès sa victoire, le général Franco se déclare décidé à effacer toute trace de Catalogne et, d'entrée de jeu, interdit tout usage de la langue catalane. Encore un mot de Monsieur Brégoulat : « Comme c'est beau, une langue que l'on peut parler librement ! »

– Les blessés de guerre. Nous avons payé cher la victoire de 1918. Il n'y a qu'à lire la longue liste des tués sur le monument aux morts. Chaque famille a perdu l'un des siens, et, parmi tous ces jeunes hommes perdus, figuraient des caractères splendides, qui portaient l'espérance de tout le village. Ah ! la saignée de la Grande Guerre ! Mais, de surcroît, nous avons les mutilés – dont notre sellier, unijambiste – et les blessés, dont quelques-uns occupent des « emplois réservés ». Ainsi François Casselèbres, héros de Douaumont, criblé d'une trentaine d'éclats d'obus (« Je n'ai plus de fesses », explique-t-il), casé au service de gare. Ainsi notre « commissaire de police », qui est plutôt agent de police, à qui il manque un bras et qui fait chaque soir la « criée publique » : à chaque carrefour de rue, il sonne de la trompe et annonce ce qui peut intéresser la population (l'arrivée d'un cinéma ambulant, un communiqué de monsieur le maire, une communication faite sur le ramassage des ordures, effectué par le tombereau communal, une proposition de vente de vin à la coopérative). Ainsi mon oncle Marcelin Baron, abîmé des deux jambes. Ainsi Monsieur Belœil, le premier « gardien du fort », gentiment logé derrière le pont-levis. La guerre ? La « der des ders » l'auront appelée durant quinze ans les rescapés. Et puis, surtout à partir de 1937, voilà que les grandes peurs recommencent. La guerre redevient un mot que, par superstition, l'on ose à peine prononcer, comme ce fut le cas durant des siècles pour une autre calamité de nos villages, le croup (implacable diphtérie), assassin d'enfants. (Marraine Marie ne prononce pas ce mot de croup sans se signer.)

– La bibliothèque populaire communale. Les instituteurs l'administrent. Monsieur Brégoulat donne son conseil, pour la plupart des livres à acheter. Elle est ouverte au public le mercredi soir (veille du jour férié). On choisit pour la semaine deux livres qu'on peut emporter à la maison et qu'on somme de rapporter « sans la moindre tache d'huile ». C'est de la sorte que, vers mes treize ans, je découvre les drames de Victor Hugo, *Raboliot* de Maurice Genevoix et *La Guerre des boutons*. Monsieur Brégoulat, tout socialiste indépendant qu'il est, me déconseille Emile Zola. « Pas propre », dit-il. Pas étonnant que pour Noël, il ne m'offre que des livres qu'il dit « bien pensants », *Les Oberlé*, de René Bazin, *La Neige sur les pas*, d'Henry Bordeaux, *Ramuntcho*, de Pierre Loti et... *Le Roman de l'énergie nationale*, la trilogie de

Maurice Barrès. Plus tard, j'observerai : « Savez-vous que Barrès était monarchiste ? – Oui, répondra-t-il, mais il aime sa Lorraine comme nous notre Roussillon. »

– Les personnalités les plus pittoresques. « La Manoune », la vieille femme qui, le dimanche, place de la République, sur un petit étal, toute ratatinée et chevrotante, vend pour un ou deux sous des sucettes, des sucres d'orge ou des dragées. « An Sagols » (*an* est l'article catalan : le Sagols), qui n'a pas son égal pour claironner un pet en pleine séance de cinéma. Tel « don Juan des vignes », qui donne ses rendez-vous à l'abri des feuillages des souches, sur une couche de paille, à l'intention de la belle, marquant d'un haut roseau le lieu de rencontre. Tel Tartarin de la Catalogne qui, par l'imagination, surpasse tous les Tartarin du monde et, durant la guerre, dit avoir été mieux que quiconque la « Terreur des Boches ». Lo Bardot (prononcez Barrrdott), vieux socialiste SFIO, d'une conviction inébranlable, qui ne voudrait défiler que derrière des drapeaux rouges. « Mademoiselle Lucia », une adorable vieille fille, qui enseigne le catéchisme, préside le chœur de chant et supervise toutes les cérémonies de l'église. Tel vieux communiste, au visage aussi jaune que celui de Lénine, pommettes fortes, regard bridé, qui, habitant une cabane du côté de l'étang, se voit qualifier d'« homme de la steppe ». Tel royaliste qui ne va qu'aux enterrements de royalistes. Ou le tout menu docteur Traby, qu'on croirait être un médecin du dernier siècle, avec son costume noir, son chapeau tout bosselé, son lorgnon strict, sa voix douce, sa calèche traînée par un cheval noir (d'après mes souvenirs d'enfant, quand il me soignait pour ma coqueluche) ; avant qu'il ne cède la place à deux médecins plus modernes et motorisés.

– Le camp de Rivesaltes, en vérité bâti sur le territoire communal de Salses, aux limites du mas Llobet et du mas Péchot. On le bâtit, je crois, en 1938, sur environ une cinquantaine d'hectares. On y aligne de longues baraques grises. On y abrite d'abord des tirailleurs sénégalais et des tirailleurs annamites, en attendant d'y loger durant la guerre des Juifs étrangers. On ne construit qu'un bâtiment en dur : le « mess », plus exactement le quartier de commandement. De quoi, pour Salses, découvrir des « exotiques ». On les avait oubliés, les soldats basanés de Mahomet qui, il y a douze siècles, sous le commandement d'Abd al-Rahman, déferlèrent chez nous pour aller conquérir Narbonne et pousser jusque chez Charles Martel à Poitiers. Voici nos hirondelles regardant déambuler dans nos rues et sur nos places des géants du plus beau noir, vêtus de kaki, coiffés de la légendaire chéchia rouge, harnachés de bandes molletières, traînant lourdement d'épaisses godasses, et qui, à l'évidence, préféreraient marcher pieds nus comme dans leur brousse et qui, le plus souvent, avancent par deux, joints l'un à l'autre par le petit doigt de la main. Puis surviennent les tout petits Annamites à casque plat, bien serrés dans leur uniforme strict, le visage mi-hilare mi-moqueur. Ainsi apprend-on que ce siècle rend toutes les invasions possibles. Il est vrai que ce sera une autre affaire quand surgiront les Allemands. J'entends encore Marraine Marie me dire : « Tu sais, si tu leur parles français, ils ne comprennent pas ; tu leur parles catalan, ils ne comprennent pas davantage; ils ne comprennent rien, ces gens-là. »

— Le fils de l'empereur des Mossis. Monsieur Brégoulat me le présente. Il s'agit du prince Moro Naba. Il est capitaine. C'est un colosse, qui affiche un sourire éclatant. Il parle un français parfait. Il me dit qu'il projette apprendre le catalan. Nous allons l'inviter à une cargolade. Je lui conseille de s'initier à la sardane, avec notre tam-tam. Il respire la joie de vivre et de voyager. Et dire qu'un jour, au hasard au cours de l'un de mes multiples voyages sur la planète, m'égarant en Haute-Volta du côté d'Ouagadougou, je le retrouverai en large bamboula, sur la terrasse de son palais, je crois « 2, rue des Champs-Élysées », parmi ses eunuques et ses favorites!... Ainsi le village cesse-t-il en tout cas d'être solitaire, fermé sur lui-même. Et il n'en a pas fini, de découvrir des gens « qui ne savent pas parler catalan »...

— Les enfants des mas (le mas, comme en Provence, est une ferme isolée, qui exploite un domaine). Ils viennent tous les jours à l'école. Certains d'entre eux ont à cheminer sur six ou sept kilomètres, par tous les temps. On n'instaurera que dans les années 1950 le « ramassage scolaire », avec des cars appropriés, sur itinéraires fixes. Pour l'immédiat, les voici matin et soir effectuant leur quotidien parcours, sac d'écolier en bandoulière, à la main le casse-croûte de midi. Quand la tramontane souffle trop fort, les pauvres petits ont de la peine à avancer. Ils nous viennent même quand il pleut, abrités sous d'épais cirés. Les jours de grand froid, leur premier réflexe, une fois parvenus à l'école, est de se précipiter vers le poêle. Mais ils manquent rarement les cours. Telle est alors la plus grande force de l'école laïque : elle aura su répandre la vénération du savoir. L'un d'eux me dit : « Nous ne sommes pas des perdus. Nous aussi nous avons droit au certificat d'études. »

– On « trousse » bébé. C'est que, dans ces années 1920-1930, on en demeure à la règle de ne pas laisser au bébé les jambes libres. Au prix d'un art architectural compliqué, on l'enferme littéralement dans des linges ou des lainages qui constituent une sorte de trousse ne laissant émerger que la tête et les bras. Ainsi le promène-t-on, « troussé », à longueur de journée. La toilette s'effectue le matin et le soir. Cependant, le soir, le troussage donne lieu à une véritable cérémonie en famille. C'est Marraine Marie, réputée virtuose en la matière, qui conduit le jeu. Elle opère sur la table, où nous prenons nos repas, que l'on pousse en hiver près de l'âtre. Elle étend simplement un drap propre sur la toile cirée. Sous les regards extasiés de toute la famille qui fait cercle, elle commence naturellement par « détrousser ». Elle enlève épingle (de sûreté) après épingle. Il y en a toute une série. On est encore loin d'avoir mis à la mode les fameuses couches-culottes qui seront des vedettes de la pub sur le petit écran. On s'en tient à l'habitude ancestrale. Enfin, le bébé apparaît, tout nu, tout gigotant, merveille des merveilles. Libérées, heureuses, les jambes shootent dans l'air à qui mieux mieux. Cris enthousiastes de tous les témoins. Chaque soir, mêmes ferveurs, mêmes clameurs d'enthousiasme. Imperturbable, Marraine Marie ne laisse à personne d'autre le droit de toucher à l'enfant chéri. Et de laver à grande eau et au savon de Marseille les intimités du petit seigneur. Et de frotter amoureusement la petite frimousse. Et de saupoudrer de poudre de riz tous coins et recoins. C'est avec une sorte de consternation que l'on voit disparaître bébé sous son amas de linges propres. Il n'y a plus dès lors qu'à replier artistiquement le drap plus épais, impeccablement blanc, qui tient lieu de « trousse ». Jamais peut-être la communion familiale n'aura été plus profonde que dans ces moments-là...

– La table de Marraine Marie. Nous en avons déjà parlé. Mais revenons-y. Car c'est délices. Ah! les saveurs de cette cuisine catalane traditionnelle! Car l'on a grand tort de ne citer de notre table que les grands plats classiques, la cargolade, les *boles de picolat* (boules de viande hachée en sauce très relevée) et l'ouillade, notre soupe aux choux. Bien d'autres plats les accompagnent que, plus tard, notre gastronome roussillonnaise Éliane Comelade illustrera dans de très beaux livres. Il y a la sardinade, le grill de sardines parfumées d'ail et d'huile d'olive – l'*escalivada amb anxoves*, légumes d'été cuits au four avec de l'huile d'olive, relevés au vieux vinaigre de grenache, escortés d'anchois, l'*escalivada* se traduisant de surcroît par « fille légère » – le gratin d'anguilles – la macreuse en cocotte, patiemment cuite de sorte qu'elle ne garde qu'un très léger goût de marais – le gratin d'aubergines à la tomate – le porc à la catalane, en sauce embaumée de citron – l'*esqueixada de juliana* (à Barcelone, on dit *de bacalla*) en toute simplicité chair « déchirée » de morue dessalée, relevée d'oignons, d'huile et de vinaigre – le canard rôti garni d'une feuille de chou farci avec des pieds de cochon désossés relevés de pleurotes – le *frumatxo*, le fromage de chèvre frais accommodé de miel et d'amandes – l'incontournable crème catalane, onctueuse à souhait, sur laquelle on écrit en lettres de caramel le nom du saint familial que l'on fête – et notre célèbre touron (en catalan : tourrrou), soit le touron aux pignes, soit le très dur touron noir, farci d'amandes...

Et il y a le cassoulet maison. A vraiment dire, le cassoulet n'a rien de catalan. Il est typiquement languedocien. Prosper Montagné, célèbre maître-queux carcassonnais du siècle dernier, un temps chef-cuisinier du restaurant d'Armenonville, du Pavillon Ledoyen et du Grand Hôtel de Paris, personnage qui peut se citer à l'égal d'un Brillat-Savarin, auteur d'un bel ouvrage sur *Le Festin occitan*, précise même à l'intention des barbares : « Le cassoulet est bien le Dieu de la cuisine occitane. Un Dieu en trois personnes : Dieu le Père, qui est le cassoulet de Castelnaudary ; Dieu le Fils, qui est celui de Carcassonne et le Saint-Esprit, qui est celui de Toulouse. » Il existe même une guerre des cassoulets. Dès environ 1880, une spirituelle dame nous chante fièrement en langue occitane :

> *Chaque endroit a ses gourmandises*
> *Et vante ses bons morceaux :*
> *Lagrasse a ses perdrix grises*
> *Le Villa (Savary) suce ses melons*
> *Albi dore ses gimblettes*
> *Partout on connaît l'estouffet*
> *Limoux fait mousser sa blanquette*
> *Castelnaudary* seul *a le cassoulet.*

Les Carcassonnais s'indignent quand Anatole France ose écrire qu'« il ne faut pas confondre le cassoulet de Castelnaudary avec celui de Carcassonne qui est un simple gigot de mouton aux haricots ». Les gens de Villefranche-du-Lauragais interviennent vivement pour proclamer que leur seul cassoulet a titres de noblesse. A Saint-Gaudens, le président de l'Association des *Tasto-Monjetes* (des Goûte-Haricots) dont je serai un jour membre d'honneur, soutient avec conviction que le cassoulet des Toulousains n'est que « cassoulet de va-nu-pieds ». En bref, la chose et le mot sont si occitans que « cassoulet » vient étymologiquement de *cassole*, le récipient en terre cuite fabriqué par les potiers d'Issel, riant petit village du canton nord de Castelnaudary, à huit kilomètres de la ville. Le plat a tout simplement pris le nom du récipient dans lequel il cuisait. Ainsi, dans un article paru dans *Le Midi libre* en 1969, Roger Courtine peut-il écrire : « On a vu à peu près la même chose pour le couscous : la graine a pris le nom du couscoussier, lequel, par onomatopée, a pris celui du bruit lâché par la vapeur s'en réchappant. » N'insistons pas : il nous faudrait reconstituer aussi toute l'histoire controversée du haricot, depuis qu'il nous fut amené du Mexique par les conquistadors, avec la tomate, la courge et l'aubergine. (Plus exactement, il fut introduit en France par Catherine de Médicis, à laquelle nous devons également la fourchette et le ballet.) Sachons simplement, comme nous l'apprend avec talent Francis Faliou dans son livre sur *Le Cassoulet de Castelnaudary*, que le mot d'origine mexicain est *ayacotl*, et qu'avant de confectionner des cassoulets aux haricots, les ancêtres du Languedoc purent savourer des cassoulets aux fèves. Tout cela pour dire que le cassoulet n'a absolument rien de catalan. Mais Marraine Marie a su s'initier auprès de qui de droit, grâce à des amis de Bram, de Saint-Papoul et de Saint-Martin-Lalande. Son produit vaut du coup le plus fin chef-d'œuvre des cuisinières occitanes. Il faut la voir tandis qu'elle officie. Elle fait bouillir les haricots dans de l'eau de la fontaine de l'Église, qu'on dit être la plus pure du village. Elle jette cette eau dès qu'elle a bouilli, puis remet de l'eau, et fait cuire à petit feu, en cocotte, sur son feu de souches. Elle ne les met en cassole que lorsque les haricots sont cuits. Elle ajoute à doses savantes les couennes, du salé d'oie (plus il y en a, mieux ça va), du cochon, et enfin une petite saucisse de pur porc pas trop graisseuse. (Cette saucisse doit être cuite sur le gril d'un seul côté. Le côté qui n'est pas cuit sera à la partie supérieure de la cassole et se cuira dans le four. Sans ce tour de main, la petite saucisse risque d'être trop cuite et sèche, alors qu'elle doit être divinement onctueuse.) Puis, on confie le tout au boulanger, qui le met au chaud pour douze ou quatorze heures. Marraine Marie va en personne chercher la merveille, après la grand-messe, car son cassoulet est plat du dimanche. Elle porte le cassoulet dans les deux mains, protégé par une épaisse serviette de toile. O incomparable fumet ! Le parfum en est encore plus sublime que la saveur. J'en mangerai, plus tard, des cassoulets et des cassoulets, chez Gaston Bonheur à Barbaira, chez Jeannot Peyrafitte à Luchon, chez mes amis de Saint-Gaudens, chez le grand peintre Jean Camberoque à Carcassonne, chez mes merveilleux amis Calmet à Castelnaudary, et même à l'Élysée, aux bons soins de Madame Vincent Auriol. Sur le *Mermoz*, en croisière, le génial Jean Abauzit, de tout son art, me réservera des cassoulets spéciaux. Mais, tant pis si vous me jugez de parti pris. Tant pis si toute l'Occitanie s'en vexe! Jamais je n'aurai savouré de cassoulet égalant celui de Marraine Marie... Oui, même les cassoulets géants que ma femme achètera aux Moulins Darius à Castelnaudary et dont se régaleront nos amis parisiens, malgré leurs immenses mérites, ne me feront pas oublier le cassoulet de Salses...

Et il y a toute la gamme des ouillades – *ollada d'Estiu* (ouillade d'été, avec courgettes et haricots verts); *ollada de verdura* (avec petits pois frais, fèves et vermicelles); *ollada de carême* (avec œufs et queue de morue); *ollada de Montserrat* (à base de congre séché).

Et il y a la *picada*, à base de fruits secs, pilée, broyée, qui entre dans de nombreuses sauces ou de nombreuses farces, avec du jambon pour les calamars ou les poissons, avec des raisins secs pour la dinde et la volaille. De l'autre côté des Pyrénées, la *picada* est même l'élément de base du *romesco*, sauce chaude ou froide aux poivrons et au piment où elle offre sa douceur. On la retrouve d'ailleurs aussi jusque dans la *calçotade*, oignons tendres grillés sur la braise.

Et il y a la soupe au thym; la soupe aux poischiches; l'ail *crémat* (ail brûlé), sauce à l'ail; le *braou bouffat*, sauce au chou et au riz; le gigot aux gousses d'ail; les cèpes à l'ail; les fèves à l'étouffée.

Et il y a l'*escuedella* (pot-au-feu catalan), plat de festivités que l'on servait au royaume de Majorque dès le XIIIe siècle et qui se compose de trois plats: un bouillon très concentré dans lequel on cuit les viandes; les légumes verts et les viandes, celles-ci au nombre de trois en général, poule ou canard, épaule de mouton et jarret de porc, sans oublier *lo sagi*, lard rance qui donne la note piquante, et le filet d'huile d'olive avant la fin de la cuisson; et enfin, la *pilota*, petit boudin constitué de porc frais haché avec oignons, ail, persil, safran, poivre, mie de pain, œuf et farine, servi en tranches, ainsi que de gros vermicelles ou *fideus*, des pois chiches ou *cigrons* et des pommes de terre, voire des haricots à la place des pois chiches. On met à cuire dès le matin dans une *olla* (chaudron noir) qu'on ne lave surtout pas et au cœur de laquelle le fond des soupes précédentes a ranci à souhait pour donner un goût à nul autre pareil.

Et il y a nos amandes, nos merveilleuses amandes. Car l'amandier, comme l'olivier, est inséparable de nos paysages et de nos destins. Autant rencontrer un squelettique don Quichotte près d'un Sancho Pança tout pansu. Mais arbre de haie et de bordure, sentinelle sur les talus, gardien sur le seuil des mas, en général occupant des terrains trop secs pour inspirer d'autres cultures, il sait accrocher à ses branches des baisers de lumière. Et surtout, il joue divinement à nous donner à profusion amandes en coques ou amandes vertes, celles-ci tendres sous la dent, qui permettent à Marraine Marie d'élaborer les desserts les plus raffinés. Alors à nous le « dessert des quatre mendiants », typiquement méditerranéen, ainsi nommé par référence aux moines des ordres mendiants, les franciscains, les carmes, les augustins et les dominicains qui, religieux de la pauvreté, n'emportaient pour leurs longues pérégrinations qu'une musette de fruits secs. Et à nous toutes sortes de friandises aux amandes, amandines, macarons, dragées, brioches. (Le fameux « somptueux » d'Amélie-les-Bains est un gâteau aux amandes et au rhum.)

Et à nous la gamme des tourons, dès le XIIIe siècle, inséparable de la culture catalane : 30 kilos d'amandes pour 18 de sucre, 9 de miel et 3 blancs d'œufs, la formule séculaire n'aura jamais varié. Simplement, on distingue différents types de pâtes : le *mazapan* (massepain), pâte d'amandes broyées additionnées de sucre et de fruits confits ; l'*alicante*, très dur, croquant, craquant, à base d'amandes entières enrobées de sucre et de miel ; le *jijona*, touron fondant, baptisé du nom de la ville de Jijona ; le *touron noir*, dur comme roc, à pâte caramélisée enrobant des amandes entières, et le *touron de Tolède*, pain d'amandes doré au four, fourré de cerises et enrobé de pignons. Surtout, n'oubliez pas ici le conseil de l'un de nos plus familiers dictons : *Nadal sensa torro no ès festa per ningu* – Noël sans touron n'est fête pour personne.

L'amande est même utilisée par Marraine Marie sous forme de tisane ou de décoction pour faciliter la digestion, prévenir la neurasthénie, apaiser les coléreux, calmer les maux de gorge et donner de l'intelligence.

Ah ! Je ne me lasserais pas d'évoquer scène après scène, tableau après tableau...

– Le lever du soleil. Avec mon père, dès avant l'aube, nous sommes partis, à bicyclette, à la chasse aux cargoles, les escargots à coquille blanche, qu'il faut, quant à elles, débusquer par temps sec. Nous pédalons jusqu'au gouffre de la Rigole, tout près de la limite qui sépare le Roussillon du Languedoc. Puis, abandonnant nos bécanes, nous cheminons à travers le maquis de colline en colline. Le jeu consiste, du pied, à retourner chaque bas roncier et à découvrir notre proie, collée à la racine sèche. Et cargoles après cargoles, de dégringoler dans nos musettes – sauf que mon père détecte cinq fois plus d'« escargotes » que je n'en sais trouver. C'est que, d'une part, il a un flair (ou un acharnement) que je n'ai pas, et que, d'autre part surtout, je dois être plus attentif au paysage qu'à cette chasse aux coquilles. C'est si beau ! Le soleil allume des gerbes de pourpre et de vert dans le ciel qui, peu à peu, d'un noir profond vire à un bleu de rêve, en passant par toutes les gammes du violet. Au loin, les neiges du mont Canigou étincellent. Autour de nous, moutonne l'harmonieux troupeau des montagnettes des Corbières. L'air embaume. Un vent très doux passe, divin cadeau des dernières étoiles. A nos pieds, les marais et l'étang sommeillent encore. Les eaux plates sont comme argent qui dort. Au-delà, se dessine la ligne bleue de la Méditerranée. Tout est à la paix. Voici passer les premières alouettes du matin, puis chanter les mésanges. Un râle des marais veut participer à l'orchestre, et c'est comme un cri de la terre elle-même. Face au soleil qui va triompher, la lune s'efface comme à regret. Il n'y a pas plus doux moment d'éternité. Au diable les cargoles ! Je me dis que je pourrais être l'un de ces saules près de ces ruisseaux ou l'un de ces pins qui respirent comme des poètes. Je puis être saisi de la splendeur des hasards.

– Les longues promenades à travers les marais, soit à chasser les papillons, soit à pêcher des perches, soit à rêver, tout simplement. C'est là qu'étaient les volcans de boue, les *salses*, en latin les *salsulas* dont parle Pline et qui ont donné leur nom au village, à tort écrit *Salces* dans les siècles précédents. Il y a d'ailleurs comme une vague odeur d'eaux sulfureuses. Vous traversez un paysage plat, uniquement habité de joncs, de spartes, de salicornes et de tamaris. Parfois, vous cheminez comme sur un tapis de mousses. Tantôt vous foulez une surface spongieuse, et votre chaussure se marque dans une boue noire. Tantôt vous rencontrez une sorte de cendre sèche qui se serait figée, toute craquelée. Il est recommandé de prendre garde aux « yeux », des trous d'eau d'environ un demi-mètre de diamètre qui se relient à une vaste nappe aqueuse souterraine. J'y accompagne un jour mon professeur d'histoire et de géographie, qui m'apprend à distinguer la *slikke* (vasière molle où la végétation retient les particules solides qui ont contribué à la formation des marais) et le *shorre* (sillonné de minces chenaux, qui peut être pâturé et où, en effet, nos troupeaux de moutons s'acclimatent). Mais trêve de sciences! Je préfère écouter le lourd silence, traversé parfois d'un pépiement d'oiseau ou de la plainte d'un râle. Les papillons abondent. Les libellules aussi, que nous appelons plus volontiers « demoiselles », gracieuses survivantes de la préhistoire avec leur grosse tête ronde à grands yeux globuleux, leurs ailes qui tournoient, leur élégante silhouette. Vous vous retrouvez comme aux premiers âges de la préhumanité. Vous vous demandez si vous n'allez pas rencontrer quelque animal géant indescriptible du pliocène ou d'au-delà.

La Méditerranée, une Méditerranée qui n'est pas polluée, qu'on n'est certes pas à imaginer que, sur la fin du siècle, elle sera la mer la plus polluée du globe, la Méditerranée, reine de nos vieilles légendes, géante mariée avec le géant Canigou. C'est par elle que nous arrivèrent nos premiers semeurs de civilisation : les Phéniciens, puis les Athéniens. On oublie qu'elle nous valut aussi les incursions des Vikings et des pirates barbaresques. Dans notre subconscient collectif, nous lui vouons une sorte de culte fétichiste. Mais trêve de métaphysique ! Nous courons pieds nus sur le sable blond. La plage s'étire comme un interminable ruban jusqu'au-delà de l'horizon. Nous piquons une tête dans une eau aussi pure qu'aux premiers matins de l'univers. Entre deux nouvelles parties de rugby (c'est partout, le rugby) nous ramassons des coquillages dont les jeunes filles font des colliers. Pas la moindre tache de mazout. La Méditerranée n'appartient pas encore aux nouveaux barbares.

– Les fruits. Ils ne sont pas toujours beaux, mais ils sont toujours bons. Un délice. Le jardin d'Éden. Un jour, en Californie, je mangerai des figues superbes, mais qui n'auront aucun goût. Ailleurs, on me servira des tomates hormonales et des pêches au formol, des poires effroyablement « pâteuses » et des pommes sans le moindre parfum. Du coup, il faudra se consoler avec des kiwis et des mangues. Jamais plus je ne savourerai des fruits comme à Salses durant ces années 1920 et 1930. Peu importe que cette poire soit en partie abîmée, que cette grenade (de notre grenadier) ait été cueillie à moitié ouverte, assaillie par les oiseaux, que ce brugnon porte des taches – dans leur partie saine, il y a saveur paradisiaque. Nous ne jugeons pas un fruit « à la vue », nous ne le jugeons qu'« au goût ». Et dire qu'à ce moment-là, nous ne savons pas que nous possédons un bonheur exceptionnel !

– Papa Arthur qui me parle du « jour de miracle », en 1899, où « on nous mit la lumière à la maison », c'est-à-dire l'électricité. Jusque-là, on s'éclairait à la bougie ou à la lampe au pétrole. Et voilà que venait ce prodige : il suffisait d'un petit mouvement de deux doigts, tournant un bouton en ailes de papillon, pour tout illuminer. « Les femmes ont fait le signe de la croix. On découvrait le paradis. » L'aïeule n'osait pas toucher le bouton magique : elle avait peur de s'électrocuter. On en terminait avec l'obligation, le soir, d'amener les chandeliers sur les tables de nuit, une boîte d'allumettes à portée de la main. Je n'obtiendrai pas le même effet quand, élu maire après la guerre mondiale, je mettrai « l'eau courante à l'évier ». C'est que, cette fois-là, l'événement tenait du prodige. « Pense donc, tu es dans la nuit totale, et d'un geste, en moins d'une seconde, tu y vois comme en plein jour ! Tu ne saurais imaginer notre extase. Nous n'osions pas y croire. » L'aïeule seule est méfiante : elle a même peur qu'à force de « chauffer », les ampoules éclatent. Elle ajoute : « Nous violons la volonté de Dieu. Ce n'est pas pour rien qu'il a inventé la nuit et le jour. » Elle doit regarder ces ampoules étincelantes comme objets du démon. Elle aura réellement mis longtemps à s'acclimater à la merveille.

– Les feux de la Saint-Jean. De rue en rue, de grands feux flambent. Enfants, nous jouons à sauter par-dessus, bravant les étincelles. Puis, assis par terre, nous nous assemblons tout autour. Nous y allons de tous nos chœurs catalans. Toutes les étoiles semblent sourire à la fête. Et si, elles aussi, au ciel, étaient des étincelles enfuies d'ici-bas ? Nous avons du moins le sentiment que les hautes flammes chantent avec nous.

– Les « sénateurs ». C'est le Conseil des Anciens. Ils chauffent leurs vieux os, assis sur les bancs de la place de la République. Leurs visages sont tannés et crevassés comme nos plus vieux ceps. L'hiver, ils sont coiffés d'une casquette de velours, à oreillettes, pour mieux faire fi des tramontanes les plus glaciales. L'été, ils arborent une casquette plate, ombre de la visière sur les yeux. Ils sont vêtus du gros velours côtelé classique, chaussés l'hiver de lourds godillots, l'été d'espadrilles à lacets noirs. Ils bourrent consciencieusement la pipe, ou roulent la cigarette dans un papier Job. Ils parlent, surtout, ils parlent. Par phrases courtes, qui ne peuvent qu'avoir été longuement ruminées. Soit par sentences, avec hochements de tête, soit de quelques mots pas toujours rattachés à un verbe. Ces Catalans sont bien à l'opposé de leurs cousins provençaux ou languedociens qui procèdent par tirades chantantes, scandées de gestes aussi éloquents que les paroles. Car les Catalans sont fondamentalement des Méridionaux froids. Le feu est caché sous l'écorce. Les sujets des conversations ? Des souvenirs, ou des jugements très concis (et définitifs) sur les hommes politiques, ou le travail du garde champêtre, ou le cimetière qui devrait être mieux soigné, ou la prochaine fête. Ils plaisantent poliment avec le curé qui s'arrête un instant. Ils enlèvent la casquette pour saluer monsieur le maire s'il vient à passer. Ils disent que du beau temps de leur jeunesse, quand il n'y avait ni rugby ni autobus, il faisait meilleur vivre. « On n'avait pas des araignées dans la tête. » Ils déplorent l'intrusion des cartes françaises (pique, cœur, carreau, trèfle) au détriment des cartes catalanes (épée, coupe, or, bâton), la victoire de la belote et de l'écarté sur le trrroukk et la manille. Ils s'accoutument mal aux nouvelles classifications politiques. « A l'époque, tout était plus clair : on se partageait entre républicains et monarchistes. » Ils discutent des mérites du lapin selon qu'il est en civet, rôti ou à la tomate. Ils reprennent pour la énième fois la controverse qui fait s'opposer les partisans de l'escargot à coquille blanche (que la langue catalane met au féminin : *la cargole*), et ceux de l'escargot à coquille brune (lui au masculin : *al cargol*). Un vrai bon vin doit-il *rancioter*, c'est-à-dire présenter un arrière-goût rance ? C'est un beau sujet des entretiens sur le savoir-boire. Autre sujet de conversation animée : faut-il installer l'eau courante à l'évier et le tout-à-l'égout ? En général, on approuve le conseil municipal d'avoir repoussé trois projets, présentés comme « ruineux pour le budget communal » : on n'en est pas à savoir qu'un bon maire est un maire qui s'endette ; on ne voterait pas pour un maire qui, à la fin de son mandat, ne laisserait pas de l'argent en caisse. Phrases le plus souvent entendues : « On s'en passe... Il y a des centaines d'années qu'on va chercher l'eau à la fontaine... des centaines d'années que les femmes vont vider les seaux hygiéniques dans les ruisseaux des marais... Méfions-nous du luxe... » Ou alors on évoque les grands souvenirs républicains : les temps des volontaires de l'an II (« Mon grand-père en était », disent-ils), ou les douze républicains du village qui furent déportés en Algérie parce qu'adversaires du coup d'État du 2 décembre de

Napoléon III. Conversations pêle-mêle : la chasse au perdreau et les souvenirs de régiment, les nouvelles danses et les belles coiffes de nos aïeules, les nouveaux étudiants et les temps où la laïque débutait, la pluie et la grêle, « le vin qui se vend mal » et le succès du muscat de Rivesaltes... En tout cas, c'est souvent que, durant toute ma jeunesse, je me serai assis en leur compagnie, à les écouter distiller leur mémoire et leur jeunesse. Devenu à mon tour un ancien en d'autres lieux, où ne se réunissent pas les anciens du village, je me dirai aussi souvent qu'au fond, ces vieux sages, si simples fussent-ils, auront été mes meilleurs maîtres. Là seulement, de fait, on rencontre la vraie philosophie, qui est leçon de sérénité, et non dans des métaphysiques échevelées, édictées dans des langues hermétiques... Voici même que je trouve leur véritable définition : des hommes de lumière.

– La crise du vin. Ce que les journaux dénomment la « crise viticole ». Elle intervient par cycles. Elle provoque de dramatiques manifestations de masse dans tout le Midi des vignes en 1907. Elle est de nouveau là dans les premières années 1930. Elle fait écho à la crise économique mondiale. Les cours du marché sont au plus bas. Toutes les familles des vignerons sont dans l'angoisse. C'est le garde champêtre, à son de trompe, à la tombée du jour, qui annonce les offres d'achat faites à la Cave coopérative. On se précipite aux fenêtres pour l'entendre. Les prix publiés auront été calamiteux durant plusieurs années. Il faut savoir que la population de Salses, comme celle de tous les villages producteurs de vins « de consommation courante », est constituée dans sa grande majorité de « petits propriétaires » qui exploitent eux-mêmes leur domaine, parfois avec leurs seuls bras, parfois avec l'aide d'un ouvrier. Ils disposent d'une superficie de terres entre cinq et douze hectares, de valeur très diverse, dans beaucoup de cas d'un faible rendement à l'hectare. Selon les rendements, qui sont très variables, ils produisent environ entre à peine 100 et 400 hectos. Avec des prix de vente raisonnables, on peut vivre décemment. Avec les lamentables prix annoncés, voici venir le spectre de la misère. A la maison, les repas sont moins gais, même si on essaie de faire contre mauvaise fortune bon cœur. Du moins, dans de tels moments aussi, on sent se resserrer plus encore l'unité familiale et l'unité du village lui-même. Le village aussi est famille. Par bonheur, il y a Monsieur Brégoulat. Il n'a pas son égal, de sa grosse voix bourrue, pour, au plus profond de la détresse, maintenir l'espérance. « En économie, dit-il, le pire n'est jamais sûr. » Effectivement, les temps finissent par lui donner raison.

– Le muscat. Le vin doux naturel. Pour pallier les difficultés qu'il y a trop souvent à écouler les vins de consommation courante, Dieu merci, nous avons le muscat de Rivesaltes et le vin doux naturel. L'un et l'autre ont droit à une législation et à une vinification spéciales, en une sorte de prime aux vignerons qui ont le courage et le mérite de maintenir la culture de la vigne sur les terrains très pauvres, de la terre à cailloux où plus rien d'autre ne pourrait pousser. Les terroirs sont strictement délimités. Les règles de production sont rigoureusement définies. Ainsi du moins obtient-on un produit de très haute qualité, qui s'inscrit dans la lignée de la plus sûre noblesse et qui est inséparable du nom du Roussillon. Le vin doux naturel s'obtient à base de trois cépages, le grenache (noir, blond ou gris), le maccabeo et la malvoisie (rappelez-vous donc la légende du duc de Clarence qui, condamné par son frère Edouard IV à la peine suprême et libre de choisir le genre de mort qui lui conviendrait, demanda à être plongé dans un tonneau de malvoisie); le plus célèbre est celui de Banyuls, blond comme le miel, du soleil en bouteille, mais nous avons en vérité toute une gamme, notamment le Maury, vin d'ébène fleurant le thym et l'amande, le Dom Brial de Baixas (du nom de l'aumônier – catalan – de la reine Marie-Antoinette), le grenache de Salses, sur baisers d'abeilles et respiration d'oliviers, et tous les délicieux vins qui s'obtiennent sur les coteaux les plus embaumés des Aspres, des côtes du Roussillon ou des côtes de l'Agly, sous des noms qui évoquent des rondes ensoleillées, Estagel, Tautavel, Vingrau, Cases-de-Pène, Espira-de-l'Agly, Peyrestortes, Claira, Calce, Opoul, Saint-Hippolyte... (j'en passe et que les autres, que je ne cite pas, me pardonnent!). Pour le muscat, ou bien vous avez le « gros grain », style oblongue du muscat d'Alexandrie, le plus juteux, ou bien le « petit grain », le plus parfumé de musc. Il peut aussi bien être servi comme apéritif que comme vin de dessert. Il peut être le plus franc compagnon d'un foie gras. Il donne un second parfum au melon. Il est d'une saveur extrêmement typée, à mille autres comparable. Les plus poétiques éléments se sont joints pour composer la merveille, la tramontane embaumée de lavande, les abeilles les plus gourmandes, le compagnonnage des amandiers, le soleil, le caillou, les secrets d'éternité et la main du vigneron-artiste. Alors, vous obtenez cette claire chanson en verres, qui a un parfum de paradis. Papa Arthur dit être sûr que, là-haut, saint Pierre, le dimanche, en donne deux bonnes coupes au bon Dieu pour le rendre de bonne humeur pour toute la semaine... En tout cas, si nombre de familles de vignerons catalans ont pu survivre, à travers toutes ces années si difficiles, c'est pour beaucoup au muscat et au grenache qu'elles le doivent...

– Le pressoir. Dès mes quinze ans, avec mon père, mon oncle et mes cousins, je participe aux journées de pressurage. Car si Papa Arthur, donc mon grand-père maternel, a été l'un des fondateurs de la Cave coopérative viticole, dont les membres vinifient en commun, Parrain Conte, lui, mon grand-père paternel, aura toujours tenu à « faire son vin à la maison ». L'opération est classique. A raison de dix ou douze comportes par chariot, mon père transporte les raisins de la vendange à la cave. Avec mon oncle, il porte comporte après comporte (par les deux poignées fixées sur une épaule de chacun des deux hommes, un coussinet de son protégeant de toute blessure) jusqu'au treuil, un large récipient en bois, où toute la récolte est vidée. Le premier jus est recueilli dans des canalisations qui le conduisent jusqu'aux cuves (en bois elles aussi). Puis, mon oncle, pieds nus, piétine longuement l'amas des grappes, pour obtenir le second jus, qui rejoint le premier. Ce qui reste au fond du treuil, grappes et grains de raisins écrasés, par pelletées, est projeté dans une cuve de transit : par lent écoulement naturel, on en obtient le troisième jus.

Précisément, le quatrième est acquis au pressoir. Après la vendange, on se réunit dans la cave pour pressurer à fond, jusqu'à la dernière goutte, les grappes et les grains qui n'ont pas encore livré tout leur suc. La masse, assez compacte, est bloquée entre des poutres ou des blocs de bois, dans la large colonne ronde qui constitue le principal du pressoir familial. Le jeu consiste à serrer progressivement ce suprême reste de vendange entre les blocs. Une longue tige en fer est utilisée pour serrer l'étau. C'est cette tige que nous actionnons, à huit mains, pour travailler progressivement la masse dont il faut extraire le dernier sang. Le mouvement est de va-et-vient. Deux pas en avant, deux pas en arrière. Un cliquetis donne le signal de l'aller et du retour. Il s'agit d'un rythme très balancé. Simplement, au début de l'opération, on n'a guère à pousser : le jus tombe comme avec allégresse dans les comportes où il se recueille. Vite, l'effort devient très dur. Par bonheur, mon père et mon oncle sont des colosses. On pousse ainsi jusqu'à résistance totale de l'appareil, quand nous sommes à bout de souffle, quand plus une seule goutte ne s'obtient. Artisanal ? me direz-vous. Eh bien, oui. Et travail réellement exténuant. Mais il y a autour de ce pressoir bien des charmes : la fierté ancestrale du vigneron de faire lui-même son vin, sans aide de chimiste ; l'acharnement à ne rien perdre d'une récolte que l'on a eu tant de mal à rassembler durant toute une année de rudes travaux ; la musique de ce cliquetis qui rythme le travail ; la chaude odeur de vin qui se dégage de l'étau ; le « han ! han ! » des hommes qui accompagne chaque poussée ; la masse asséchée que l'on extrait à coups de fourche ; la joie subconsciente d'accomplir une sorte de rite sacré. Il y a vraiment des airs de religion dans le culte du vin et de la vinification. Et quel plaisir quand, plus tard, à la gourde (la *borratxa* en peau de chèvre), on fait tomber et chanter dans sa gorge, à la régalade, le merveilleux produit rouge ensoleillé qui, de fait, aura toujours été un ami de l'homme !

– La vie à plein soleil. On sait que tout oppose les « mondes ouverts » aux « mondes fermés ». Tu es un « monde fermé » si tu es un individu égoïste, une maison jalouse, un village inhospitalier, un pays sectaire et une religion qui ne respecte pas les autres religions. Tu es un « monde ouvert » si tu es un individu généreux, une maison hospitalière, un village coopératif, un pays juste et une religion qui respecte les autres religions. Justement, nous vivons dans un village qui, si intime que soit sa vie collective, participe d'évidence du rayon des mondes ouverts. Peu de secrets. Peu d'hypocrisies. On sait désigner du doigt les quelques familles qui servent de faux sentiments. Les quelques faux jetons qui s'obstinent à « méchantiser » ne nous la font pas. Tout se passe comme s'il était tout à fait naturel de faire vivre à plein soleil gestes, travaux et sentiments. C'est sans doute dû au fait que le Salséen typique est un sobre. Il ne farde pas ses phrases : du coup, il n'a pas à maquiller les pensées qui les dictent. Il déteste ou ignore l'emphase : il se campe à l'opposé de Tartarin. Cette sobriété, qui peut être rudesse jusqu'à la rugosité, devient en quelque sorte son meilleur bouclier contre toutes comédies ou tous mensonges. Ici, on ne vit jamais au-dessus de soi-même. Voilà pourquoi tous sentiments sont plus vrais. Pour mieux m'expliquer sur le sujet, disons que le Salséen 1920 est à l'autre pôle du Parisianiste 1990. Ne confondons pas Parisien et Parisianiste. Le Parisianiste est le modèle du superficiel en tout; la coquetterie est sa vraie marque; le « paraître » est chez lui toujours plus important que l'« être »; il n'a ainsi pas son égal pour exprimer les plus faux jugements sur les hommes et les choses; il en arrive à tout voir de travers, avec une immense satisfaction de soi-même; un fat, quoi, même quand il croit ne l'être pas et se présente sous des noms renommés. Ces paysans pyrénéens, solidement enracinés sous leurs platanes ou leurs figuiers, portent cette merveilleuse, cette incomparable vertu première : ils savent être ce qu'ils sont... Ils ne jouent jamais, ils ne trichent jamais avec eux-mêmes.

– L'été, les vieillards assis devant leur porte, assis sur des chaises ou des pliants, pouvant rester silencieux durant des heures, contemplant on ne sait quelles visions intérieures.

– L'autobus flamboyant neuf de Monsieur Clos Hyacinthe, dit Sintet, qui vient faire concurrence au train omnibus sur la ligne de Perpignan. Deux allers : le matin et en début d'après-midi. Deux retours : à midi et le soir.

– L'atelier du tonnelier, Jean Torrent – de quoi découvrir comment on incurve une douve, on encercle un tonneau, on répare une futaille étanche, de quoi aussi humer délicieusement la saine odeur du bois.

Pêle-mêle, toutes les vieilles images défilent.

– Papa Arthur, dans son lit, racontant l'histoire de l'oncle Anchourre, frère de son père (donc mon arrière-grand-oncle). Cet oncle Anchourre était arracheur de dents. Il était toujours impeccablement vêtu : pantalon rayé, redingote, haut-de-forme et chaîne de montre brillant sur le gilet. Il avait un break superbement astiqué auquel il attelait une jument pommelée, baptisée Cunégonde. De joyeux pompons rouges ornaient la voiture. Il allait de village en village arracher des canines et des incisives. Il vendait une mixture dite guérisseuse, en vérité composée d'eau et de sable rose de l'Agly. Mais il avait un don qui dépassait tous les autres : il était un orateur né, avec le style le plus emphatique qui se pût rêver. Comme le maire de l'époque ne savait pas s'exprimer en public, c'est lui qui prononçait au cimetière tous les éloges funèbres. Peu importe s'il utilisait des formules toutes faites. Peu importe si son vocabulaire ne s'adaptait pas toujours exactement à la circonstance. (Un jour, il appela « pure comme la pucelle d'Orléans » une veuve qui avait couché avec la moitié des hommes du village.) Peu importe s'il terminait invariablement son propos par ces mots : « Et que la terre lui soit légère ! » La voix était si profonde, si prenante, si théâtrale, que tout le monde pleurait. Une seule réserve à faire : l'orthographe ne s'égalait pas à l'éloquence. Nous avons conservé les oraisons écrites par l'oncle Anchourre. Jamais personne n'a eu une orthographe aussi imaginative. Par exemple, pour chrysanthème, il écrivait « krizantaim », pour « agnus Dei », « haknouz Dey », pour « oiseau », « hoizo ». Il mettait des *h*, des *k* et des *z* à toutes les sauces.

— Le guérisseur rasant les murs et ne s'introduisant que de nuit, en cachette, chez les malades qui le demandent, y compris chez nous quand ma mère tombe malade...

— Ma mère... ma mère... idéale image... inoubliable fine silhouette... partant chercher un livre de Delly ou de Max du Veuzit à la bibliothèque de la mairie... s'asseyant près de la fenêtre à la lumière féerique d'un rayon de soleil... chantonnant une romance catalane... disant et redisant à mon père : « Nous avons tort de vouloir faire du petit un monsieur... Rien n'est plus beau qu'ici... Notre vrai bonheur n'est possible qu'ici... » Elle se trompe. Dans ma vie, j'aurai beaucoup de *bonheurs*, grâce à beaucoup de chance. Mais je crois l'entendre comme si elle était encore là, comme si tout le vieux village était encore là, intact...

La vie est dure.

Dans les années qui suivent la fin de la guerre mondiale, le chœur familial se disloque. Ils s'en vont les uns après les autres, ces êtres tant aimés.

Papa Arthur nous quitte comme il a toujours vécu, en souriant. Pour peu, il nous aurait demandé de lui laisser son bonnet de nuit en laine et à pompon, pour ne pas avoir froid au crâne dans l'éternité. Deux jours auparavant, il relisait pour la vingt-troisième fois *Le Vicomte de Bragelonne*. L'un de ses derniers mots est pour regretter que la France gaulliste ait cru devoir juger et condamner le maréchal Pétain. « C'est comme si on déshonorait Verdun. » Un autre est pour se désoler de me voir m'aventurer dans la vie politique (j'en suis à me faire élire maire de Salses). Il dit : « Tu souffriras... »

Marraine Marie meurt par surprise, comme si elle ne voulait pas nous créer la moindre épreuve. Un soir, elle se couche, « avec un poids sur le cœur ». Elle a à peine assez de souffle pour réciter sa prière. Elle dit : « *Cada gota té on caure*. Chaque goutte trouve son point de chute. » Simplement, elle cherche à s'épancher. Elle me dit qu'elle n'a jamais mieux aimé Dieu que du jour où, à travers un petit-fils, il lui rendit son fils, celui-là même qui, six mois avant ma naissance, était mort en 1919 de la grippe espagnole. « Ce pauvre bon Dieu a trop de travail. Pas étonnant qu'il s'oublie parfois. Alors, de temps en temps, s'il faut savoir le bénir, il faut aussi d'autres fois l'excuser. » Elle me redit pour la millième fois que la plus belle chose de toute la terre, c'est une bonne famille autour d'un bon feu, et que, surtout, je n'oublie jamais cette vérité... Elle s'éteint le lendemain, tout doucement, tandis que Tante Marcelle est en train de la peigner... Je ne devrais peut-être pas raconter tout cela. C'est trop intime. C'est aussi trop difficile à raconter. Le mélo menace. Mais, la vie d'un homme, c'est ça plus que de la politique. Un homme, c'est ça plus que des combats. Et le lent effacement de ma tribu, c'est une part essentielle de mon histoire, c'est une immense part de moi-même. Et aussi, puisque je serai devenu un écrivain et un homme public, pourquoi ne rendrais-je pas un hommage public à quelqu'un de si grand, même étant si humble, même me tenant de si près? Je souhaiterais une Marraine Marie à tout le monde. Dès lors, c'était un devoir sacré de raconter son histoire, impeccable jusqu'à son dernier souffle...

Une attaque foudroie le sergent-chef du 253e régiment d'infanterie. Du moins aura-t-il eu le bonheur de me voir député et ministre. « Je ne pouvais pas rêver mieux, aimait-il dire. Je n'aurai pas travaillé pour rien... »

Le cancer emporte Tante Marcelle.

Même ma si merveilleuse sœur s'en va, au

même âge que ma mère, dans d'identiques souffrances.

De ma première table familiale, me voici le seul survivant.

Et la vie de m'emporter vers de tout autres horizons.

Je crée une autre famille, non moins unie.

Je connais avec ravissement l'art d'être grand-père, d'être Papa Arthur à mon tour.

Après des années de luttes et de charges, devenu historien, me voici à connaître enfin la paix des sages.

Après plus de soixante-dix années de vie, souvent intense, j'aurai du moins appris une certaine philosophie, qui n'appelle que sérénité.

Mais, au plus chaud de mon cœur, seront toujours restées les images de l'enfance, le village tel qu'il n'existera plus, les humbles maisons aux toits rouges, la vigne sous le rempart, le mont Canigou veillant sur les vergers et les bergers, les platanes que secoue la tramontane, la sardane dansée sur la place près de la fontaine à long levier, la famille attablée autour d'une *ouillade* qui fume, nous tous réunis autour d'un grand feu de souches et de sarments, tandis que le sergent du 253e raconte de sa rude voix une histoire de poilus du Hartmannswillerkopf dans les Vosges, ou que Marraine Marie, de toute sa tendresse, avec une légende des temps jadis, ressuscite des bergères et des princesses qui, en couleurs de songe, dansent parmi les flammes ou glissent sur les cendres grises...

Cet ouvrage a été composé et réalisé par la
SOCIÉTÉ NOUVELLE FIRMIN-DIDOT (Mesnil-sur-l'Estrée)
pour le compte de LA LIBRAIRIE PLON
76, rue Bonaparte, 75006 Paris

Achevé d'imprimer en octobre 1994

Imprimé en France
Dépôt légal : septembre 1994
N° d'édition : 12449- N° d'impression : 28731